学びなおしの月灯り

夜間中学校物語

渡邊　靖志

目次

プロローグ

1　夜間中学校・自主夜間中学校の存在感

「どうしても公式のルートには、はまりきらない連中が出てくるけど、それは時代によって変わって来るんですよ」（佐藤忠男さん）。「そこを救う仕掛けを、いつもきちんと用意しておかなければいけないということは、あらゆる分野で必要なのです」（山田洋次さん）

これは『学校』（一九九三（平成五）年：岩波書店）という書籍の中での、山田洋次さん（著者）と佐藤忠男さん（対談ゲスト）とのやりとりです。そして、この対談はこう続きます。

「夜間中学はそうだと、夜間中学の先生たちが言うんです。いまの中学じゃあどうしても救いきれない、いろいろな事情のある、その網の目からこぼれ落ちていくような人たちがいる。そのためには夜間中学の生徒の数が少なくて、効率の悪い学校だって、義務教育を受ける権利というのは、憲法で保障されているのですから、それくらいのカネを惜しんでどうするかというふうに、夜間中学の先生たちは言うし、ぼくもそう思いますけどね。」（山田洋次さん）

山田洋次さんとは、誰もが知るあの有名な映画監督です。国民的名作映画、『男はつらいよ』シリーズ「ふうてんの寅次郎」を撮った人です。そして、佐藤忠男さんとは、山田監督の友人で、映画評論家・教育論者です。今は、故人となっています。

山田監督の映画作品には、他にも有名なものがあります。『学校』シリーズです。一九九三（平成五）年に、第一作目が公開され、その後「学校Ⅱ」「学校Ⅲ」「十五才学校Ⅳ」というように、二〇〇〇（平成十二）年まで続きました。

映画の舞台は、東京の下町にある「夜間中学校」です。様々な境遇にある生徒と先生の交流を描き、「学校で学ぶとは何なのか」を問いかけ、数々の賞を受賞しました。その第一作目は、構想を立てるのに、約十五年もかかったそうです。

「夜間中学校」とは何でしょうか。今の枠組みに当てはめると、学校の「定時制」あるいは「二部」などにあたります。同じ学校・学舎で、昼間部と夜間部の二つがあり、昼間部を選ばなかった（選べなかった）生徒が通う「学級」です。

これは公立の中学校で、本書の後半で登場する「自主夜間中学校」とは異なります。そこを区別しやすいように、本書では、「夜間中学校」を「（公立）夜間中学校」などと表記することにします。

また、義務教育としての中学校は、制度上でいえば、「国公立」だけではありません。私立（学校法人など）も存在し得ます。しかし、実際には、現存の夜間中学校は全て公立です。沖縄県で、全国初の私立の夜間中学校を開設する動きがあります。しかし、これは本書の執筆の時点では、一度県で「不認可」となり、現在も議論の最中にあります。（参照：学校法人雙星舎）

次に「自主夜間中学校」とは何でしょうか。頭の部分に「自主」がついています。簡単にいうと、ボランティアによる教育活動・学習活動です。地域ごとに、自主的に存在する活動です。名称に「中学校」とはありますが、法に則った「中学校」ではありません。

どの自主夜間中学校も、主に夜間帯を使って、学びたい人（学べる人）がそこに集まり、〝教室〟ができあがっています。会場として使用している建物も、授業日数も時間数も、教える人たちも教材も様々です。共通しているのは、有志によるボランティア活動であり、無償または低額な料金で、義務教育レベルの内容を、教えよう・学ぼうというところです。

本書のねらいは、「夜間中学校」とは何か、「自主夜間中学校」とは何かを、より多くの人たちに知っていただき、理解していただき、そして、この二つの〝学校〟を応援していただかんとするところにあります。

なぜ「夜間」なのか。どうして「公立」と「自主」があるのか。生まれるまでの経緯、その歴史は如何に。そして、誰のためにあって、どのような役割を果たしているのか。

今は〝無名〟かも知れません。しかし、これからは、大きな社会的存在として、浮上してくる。筆者（以下、私）は、そう考えています。そう信じて書き綴ります。

できるだけ読みやすさに重点を置きます。あえて会話言葉、通称・俗称も使い、敬体（ですます調）でいきます。大体、六十分から九十分程度で読めます。途中で読み疲れたら、何回か分けてください。数値が並んで、中には少し小難しい項もあります。分かりにくいところは、飛ばしてください。そして、どうか最後まで読んでください。

二〇二三年九月　著者

第一部　夜間中学校の誕生と変遷

第1話　夜間中学校の幕開け

1　夜間中学校の現在

「夜間中学校の誕生」から起こしていきます。

紛らわしい話から始まりますが、現在、学校教育制度上には、「夜間中学校」なるものは存在しません。制度上はあくまでも中学校の「二部授業」「分校」とされています。「夜間中学校が開設した」という記事は、多くは既存の中学校に、夜間に授業を行う「夜間学級」が設けられたという意味です。近年になって「学級」ではなく「単独校」の誕生も数例あります。これについては、後述していきます。

この「夜間中学校」という呼び名は、どこから始まったのかは、定かではありません。一九四七（昭和二十二）年に、その第一号が誕生しますが、その後、それが広がるにつけ、主として、マスコミ関係者が、報道の際に分かりやすいので便宜的に用いた名称ではないかともいわれています。

現在、文部科学省（以下、文科省）では、これを「夜間中学」と呼ぶことで通例化しています。文科省のホームページ上でも、「現在、中学校夜間学級（いわゆる夜間中学）は15都道府県に40校が設置されています。（中略）※夜間中学とは、市町村や都道府県が設置する中学校において、夜の時間帯等に授業が行われる公立中学校のことをいいます。」（横線は筆者）と表現しています。また、より定義的なものとしては、次のような説明があります(1)。

○夜間中学は、戦後の混乱期の中で、生活困窮などの理由から昼間に就労又は家事手伝い等を余儀なくされた学齢生徒が多くいたことから、それらの生徒に義務教育の機会を提供することを目的として、昭和20年代初頭に中学校に付設された学級です。（後略）
○夜間中学は、義務教育を修了しないまま学齢期を経過した者だけでなく、不登校など様々な事情により十分な教育を受けられないまま中学校を卒業した者、本国又は我が国で義務教育を修了していない外国籍の者などの、義務教育を受ける機会を実質的に保障するための様々な役割が期待されています。

夜間中学校は、一九四七年（昭和二十二）年に、大阪市で始まったのが最初とされています。現在、文科省のホームページには、二〇二二（令和四）年十月現在として次の図が載っています。この時点で十五都道府県に四十校ほど存在します。

2　終戦直後の子どもたち

戦後に夜間中学校が注目されることとなった、その社会背景を述べます。

日本は、一九四五（昭和二十）年に敗戦となり、社会体制が一変しました。学校教育においても、新しい学校教育法のもとで、六・三制が施行されます。一九四七（昭和二十二）年です。

一九四六（昭和二十一）年公布の日本国憲法第四条で、「国民は、その保護する子女に、九年の普通教育を受けさせる義務を負う。」「国又は地方公共団体の設置する学校における義務教育については、授業料は、これを徴

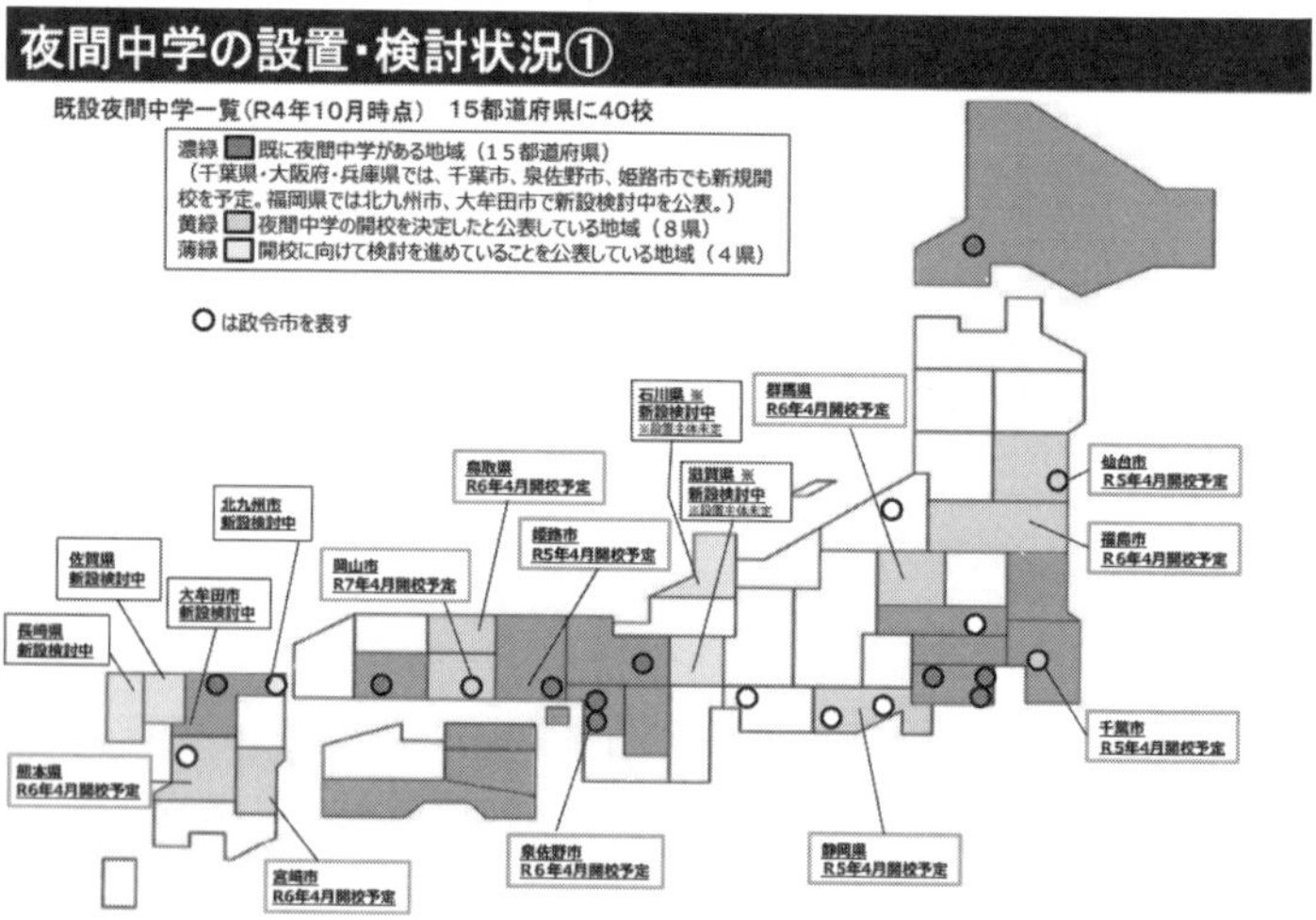

収しない。」と謳われました。

戦前の義務教育では、就学期間が尋常小学校の「六年間」とされていました（開戦の年に「八年間」になったが戦時中は実施されなかった）。それが、小学校の「六年間」と中学校の「三年間」の合計「九年間」に増えました。

しかし、それで戦後の子どもたちが皆、学校に通い始めたかというと、そうではありませんでした。まず国民が直面したのは、深刻な食糧難とインフレによる生活難でした。食べるものはなく、物価は数十倍以上に上がりました。特に、生きていくための食糧事情では、新聞に、「ヘビ、カエル、ネズミさえもタンパク源として食用にして、かつ人間の小便から塩を調達する」というような方法まで紹介されていました。

また（新聞の）投稿欄には、「乳児を救え・子どもに砂糖」などの記事もあり、終戦の年の十二月には、「乳なき母親へ牛乳の新（愛育乳）切符」が発行され、牛乳または乳製品を手にする仕組みが始まっています。餓死も全国に広がっていました。

当然、子どもたちの生活も悲惨なものでした。戦争孤児、引き揚げ孤児、家出浮浪児は激増します。また、子どもによる窃盗やスリなどの犯罪も横行。児童の窃盗団、少年による追い剥ぎなどもありました。

警察による、浮浪児の取り締まりも強化されました。しかし、これらは、誰も助けてくれない社会の中で、子どもたちが、自分たちだけの力で、精一杯生き延びようとする姿でした。また、〝捨て子〟も多かったのがこの時代です。

一九四六（昭和二十一）年の東京の全国民学校での、昼食の一斉調査の結果です。対象児童の約三割が弁当を持ってこれずに、家で食べるといって帰宅。弁当持参者は残り七割ですが、その内容は、冷たい粥や雑炊で、中にはおかずがないものもあったといいます。新聞には、「国民学校でお弁当の盗難や盗み食いが頻発」と報じられるなど、とにかく子どもたちの食糧事情（栄養状態）は悲惨でした。

親も家も失った戦争孤児は、当然学校などには通いません。家庭がある子どもでも、昼間は生活のために働くか、または、親が働きに出ている間は、幼い弟妹たちの面倒をみなくてはなりませんでした。子どもの労働なくして一家の生活は成り立たない。これが新憲法第四条（誰もが受けるはずの義務教育）のもとでの現実でした。

3　夜間中学校の始まり

その実情を見かねたのは、学校の先生たちでした。学校に来ない子の家庭を回った先生たちは、「夜なら通える」という保護者の言葉を聞きます。こうして「夜間学級」が始まりました。

一九四七年（昭和二十二）年十月には、大阪市立の中学校で、「夕間（夕方）学級」が始まります。これが全国に広がり、また、一九四九（昭和二十四）年以降、自治体の一部の教育委員会がこれを認め始めたのでした。

一九五〇（昭和二十五）年頃から、夜間中学校の学校数（学級数）、生徒数がともに急増します。一九五四（昭和二十九）年には、十二都道府県に八十七校。一九五五（昭和三十）年には八十九校で、生徒数は五二〇八人に達しました。これらの数値は、行政による統計調査からではありません。「全国夜間中学校研究会」（以下、全夜中研）の資料からひろったものです。

全夜中研とは、夜間中学校の必要性とその充実を訴える立場から、夜間中学校の先

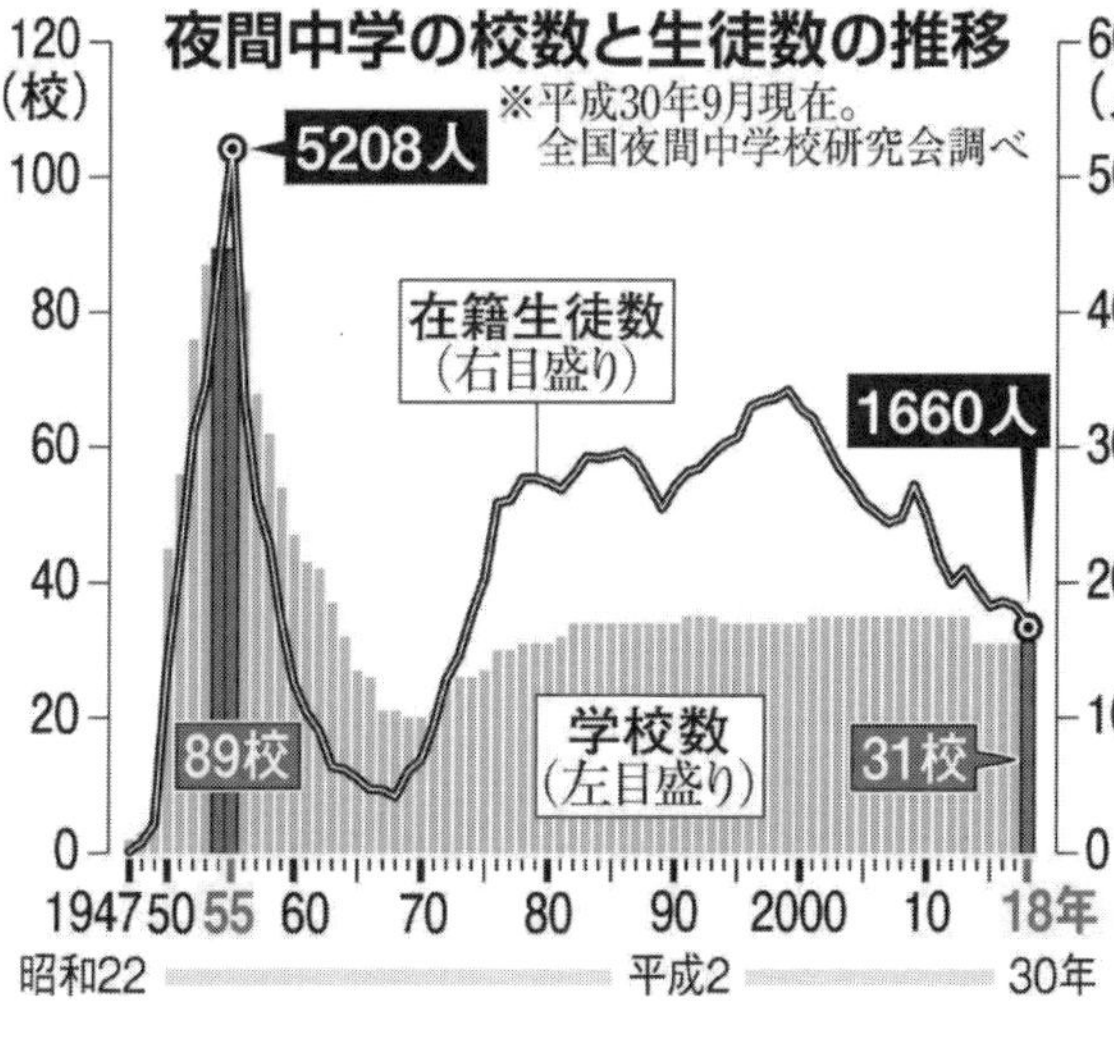

生たちやその関係者で組織する自主的な研究・運動団体です。「すべての人に義務教育を！小学校・中学校の勉強ができる夜間中学校」をスローガンに掲げています(2)。

注

（1）「夜間中学の設置・充実に向けて」【手引】（第3次改訂版）令和5年1月・文部科学省の「本手引の趣旨」一頁に書かれています。

（2）一九五四（昭和二十九）年に、「全国中学校夜間部教育研究協議会」が結成されます。それが現在の「全国夜間中学校研究会」です。夜間中学校が、文部省（現在、文部科学省）や中学校長会などから問題視されていた中で立ち上がったものです。

第2話　夜間中学校の曖昧さ

1　卒業資格の付与問題

夜間中学校というものが存在し始めた当時、実はこれは、制度上認められたものではありませんでした。国家が定める制度上にないわけですから、本来は、卒業しても「義務教育修了」とはなりません。しかし、実際には、「卒業証書」が出されていました。実は、この問題は、長い間、曖昧なままにされ続けていました。

少し時代は飛びますが、夜間中学校が始まってから二十年以上も後のお話を紹介します。一九七一（昭和四十六）年の国会審議で次のようなやりとりがありました(1)。横線は、私によるものです。

○参議院文教委員会・一九七一（昭和四十六）年五月十一日

議員「夜間中学というのは学校教育法にも認められておりませんし、小、中学校に夜間課程というのは認められていないと思うのですが、こういった方々のために中学校卒業資格を与えられていると思うのですけれども、それはそれでいいわけですね。」

文部省担当局長「実は私どもとして非常に形式的には痛いところを御質問いただきまして（中略）確かに夜間中学というのは法制上認められておりません。高等学校は全日制に対しまして定時制等夜間課程が置けますし、大学も夜間が置けますが、小、中学校には夜間課程が置けるということが書いてありませんので、したがって夜間課程はいけないということでございます。（中略）したがって学齢生徒のために夜間中学は絶対に置きたくない、（中略）しかしながらそうはいっても、法律上義務ではなくても、先ほど言いましたようないろいろな理由から教育を受けたいんだという方々があるのに、形式論を振りかざしてそういうものは認めないんだ、国は知らぬのだというようなかたくななやり方がはたして行政であろうかというような反省から（中略）そういう理屈は別として、行管がおっしゃるようにすぐやめる気にならないわけなんです。そういうことでいまの御質問にお答えしにくいのですけれども、これはやはり中学卒業の資格は差し上げております。」

国会の審議で議員が、「法制度上にない学校を卒業した者に、（公的に）卒業資格を与えているのは認められることなのか」という主旨の質問を行ったわけです。文部省の答えは、まずは「卒業資格を与える与えない以前に、夜間中学校の存在を認めたくない」というものです。しかし、そこには、様々な実情の中で、（夜間中学校）が必要とされている実態がある。だから今は「黙認」するしかない。そういうことでした(2)。

2　中学校に夜間課程はない（二部授業について）

夜間中学校とは、正式にいうと、昼間の学校の「二部授業」「分校」という位置づけであることを先述しました。高等学校、大学には、法的にも「夜間の課程を置くことができる」という規定があります。いわゆる「定時制」「二部」です。一方、小・中学校には、夜間課程はありません。先の国会審議にもあった通りです。

しかし、実は特例的な位置づけで、稀なケースとして「二部」が存在しうる「根拠規定」がありました。学校教育法に基づき定められた政令である「学校教育法施行令」（第二十五条）です。

その内容は、「事由（理由）があり二部授業を行おうとするときは、その旨を都道府県の教育委員会に届け出るもの」として、その「事由」のひとつが、「小・中学校で、教師あるいは教室が不足する場合などに、児童生徒を午前・午後などの二部に分けて授業を行う」というものです。教室や先生が足りなくて、授業が一度にできない場合は、二つに分けて行ってもよい。つまり、二部制にしてよいということです。

では、今回テーマとしている夜間中学校が、この「施行令第二十五条」にあたるのかどうかです。これについての国会審議（国の見解）があります。

このやりとりは、「施行令第二十五条の規定は恐らく昭和二十八年当時からあった」という担当局長の答弁があって、その後に続くものです。横線は、すべて私によるものです。

○衆議院文教委員会・一九八三（昭和五十八）年五月十三日

議員「もし二十八年からあったとするならば、行管庁の勧告は昭和四十一年のことであって、四十一年のとき、夜間中学は法上認められないと行管庁は述べておったわけです。当初文部省もまた、法上認められないと答えておったやに聞いております。今日、この学校教育法施行令二十五条の五号が二部学級についての一応の法規上の根拠であるとするならば、なぜ最初文部省はそれを認めなかったのか、そこも問題だと思うのです。」

担当局長「二十五条というのは、（中略）「二部授業を行おうとするとき。」というのは入っておりますが、これはいまの夜間中学を想定したというよりも、市町村の実態によりましては二部授業ということが戦後には考えられたというふうに思います。（中略）やはりわが国の義務教育においては昼間の学校における修学というものを前提としておりますので、いまの二十五条の五号が夜間学級の根拠規定というふうには私どもは考えていないわけでございます。」

担当局長「戦後の、特に新制中学をつくりましたときに急に校舎を増設するというふうなことがありまして、校舎の都合とかいろいろな形で市町村におきましては苦労をいたしまして、それを二部授業という形で青空教室から始めたところもあったわけでございますから、（中略）一般的に夜間における中学校の修学という形態を法改正をしてまで認めるということではございません」

議員は、「ずっと以前から（二部制の）根拠規定はあるではないか。なのに何故、今の夜間中学校を制度上のものとして認めないのか」と迫ったわけです。

するとと文部省は、「施行令第二十五条」は、今日の主旨で存在する夜間中学校を想定したものではない。教室や先生の不足という窮状に対してのものである。（二十五条は）「夜間に授業を行う中学校の根拠規定にはあらずと答えています。その上で、「法的な根拠はない」といえど、むげには否定できない状態にあり、（やむを得ず）援助をしてきたというのが、当時の文部省の〝苦肉の見解〟でした。

しかし、現在は、学校教育法施行令第二十五条、同施行規則第九条に基づく「二部授業」と位置づけられています。それは、なぜでしょう。実情が大きく変わったからです。夜間中学校の存在意義が認められ、今度は逆に制度上の「整合性」をとらなければならなくなったからです。後から（こじつけ的に）この施行令・規則をあてて「二部授業」と位置づけた。このように推論します。

3　夜間中学校の前史

今、「戦後の夜間中学校」について述べていますが、それ以前にも、特別な形での「夜間学級的な存在」はありました。

明治時代に日本の近代化が始まります。学校教育制度も徐々に整えられ、一九〇〇（明治三十三）年代には、小学校六年間の義務教育制度の原型がつくられます。しかし、この時代の子どもも一家の貴重な労働力でした。また、学費の負担の重さから、貧困家庭では、子どもの就学はかないませんでした。

そうした中で、各地において、スラム街における「特殊小学校」、昼間働く子どものための「夜間小学校」、弟妹の子守りをしなければならない子のための「子守学校」などが始まります。

それでも学校を通えなくなる子どもは、後を絶ちませんでした。結局、「小学校に通うことが当たり前」となったのは、一九三〇（昭和五）年代頃とされています。

簡単に学校へ通えない時代は、読み書きが十分できない人を生み出します。その時代、「代書屋」なる商売もあったそうです。戦後、一九五〇（昭和二十五）年の国勢調査によると、二十五歳以上で、「在学年数がゼロ年」と回答した人が、約二百七十万人いました。その八割が女性です。

先に紹介した書籍『学校』の山田・佐藤対談の中に、こんなくだりがあります。

「戦前にも『煉瓦女工《れんがじょこう》』という映画に夜間中学が出てくるんですよ。東京のスラム街で一九四〇（昭和十五）年につくられた映画。最下層の貧乏人の世界で、昼間子どもたちも働いているから学校に夜間クラスがあるんです。昼間子守りかなんかやって学校に行けない子どもたちを集めて授業しているんです。ただ、この映画は当時上映禁止になったんです。つまりあのころは社会の貧困を描くということも反社会的行為をみなされたんですね。」（佐藤談）

当時の日本は戦争に向かって飛躍するときでした。そうした時代に、このような映画は、〝不健康な映画〟とされ検閲を通過できなかったというものです。その後、この映画は、一九四六（昭和二十一）年になって、やっと上映されます。

次は、夜間中学校が辿る紆余曲折についてです。

注

（1）国会会議録検索システムを用いて得たものです。実際の会議録には、発言者を「国務大臣」「政府委員」等と表記してありますが、本書ではこれを「文部大臣」「担当局長」「担当課長」などと置き換えます。以降も同じとします。

（2）国会審議録を用いて情勢を分析していくこのリアルな手法は、次の文献からヒントを得て、これを私なりに応用しています。文献：大多和雅絵（二〇一七）『戦後夜間中学校の歴史―学齢超過者の教育を受ける権利をめぐって―』六花出版

第3話　文部省の姿勢

夜間中学校の誕生後、文部省（現在、文部科学省）は、その設置や法制化については、一貫して否定的でした。理由は、「児童生徒の本分は勉強。学ぶのは昼間の学校。もし国が夜間中学校を認めると、児童労働の容認、義務教育の空洞化につながる」というものでした。

しかし、いくら国が否定しても、夜間中学校は全国へ広がっていきました。それを必要とする人がたくさんいたからです。

国会でも様々な議論がありました。国会審議の中で、初めて夜間中学校の問題があがったのが、一九五一（昭和二十六）年の参議院文部委員会です。

ある議員が、東京都足立区に夜間中校が開設されることに関連して、この問題を質しました(1)。横線は、私によるものです。

○参議院文部委員会・一九五一（昭和二十六）年七月十九日

議員「全国に六十万の不就学児童がある。すべて新学期…教育基本法、学校教育法が出たときには夜間の中学校というのは許さない。高等学校の夜間は許すが、中学校における夜間は許さない、こういう前提に学校教育法はそういう事実を受けて出発したわけではありますが、全国に六十万の不就学児童があることになりますと、いろ―事情もありましょうが、何らかの方法で（中略）大臣はこの夜間中学の問題、どういうふうにお考えになっているか。」

文部大臣「原理的に言って、義務教育に対してそういう夜間中学があるべきではないということは問題ではないと思いますが、併し六十万の不就学の児童がある、私はこれについても地方に行っていろ―聞いているのですが、こういうのは実際困って学校にやらないという人は少ないということを言っているのです。（中略）だからそういうのもよく調べ上げて、そして是非学校へやるようにする、そして行けない子供は何らかこれに方法を講ずるとか何とかいうようにすべきとは思っております。だからしてこれをこのまま放置してはいけないが、そうかといって直ちにそういう夜間の学校を許すということが果たしてよいものかどうかに非常な問題があると考えております」

ここで文部大臣は、「本当に困っていて、昼間の学校に行けていない人は、実はそれほど多くないのではないか」と、これを少数派の問題としています。その上で、「夜間中学校はあるべきではない」とその存在を、あらためて否定。「是非とも昼間の学校へは行けるようにする。行けない子には何らかの方法を講じる」と締めくくります。

○衆議院文教委員会・一九五五（昭和三十）年七月十二日

議員「簡単にお尋ねしますが、東京都内に夜間中学の生徒がいることを私聞いているのでございますが、義務教育学校の生徒は夜間の学校に登校することはできないということになっていると思いますが、夜間中学校の生徒が果たして東京都内に何人ぐらい入っておりますか。夜間に電燈の下で家庭貧困のために勉強している生徒が六百人程度あるやに聞いておりますが、このことは事実でございますか。」

担当局長「夜間中学の問題でありますが、これは東京のみならず、関西方面におきましても今日相当数ございます。事実七十校ほどございます。（中略）これはお話のように義務教育でありますので、これは当然昼間に教育を実施すべきものだと考えます。しかしながらこれは生徒の家庭の実情等からいたしまして、どうしても昼間に行けないという者に対しまして、その救済手段としてやむを得ずこれを行っている実情でございまして、非常にこれは困った問題でございますけれども、私どもはそういう実情として、これをやっちゃいかぬというふうに禁止してしまいますと、またこれは非常に困った事態になりますので、一般の長期欠席児童生徒等に対する対策とあわせまして、この問題は今後研究していきたいと思います。」

担当局長は、ここでは、「学校は昼間に通うものであるが、どうしても行けない人が夜間中学校で救済されている。やむを得ないことで、禁止もできず困った事態」として、廃止することも認めることもできない、というジレンマを表します。

この審議の五年後においても、「中学校で夜間に授業をしていることは望ましくないので、夜間学級の必要をなくすることが一番大切」（参議院文教委員会・一九五七（昭和三十二）年三月十一日・担当局長）という政府見解が示され、これが基本的な方針として長く続いていきます。

また、さらにそれから六年後の一九六三（昭和三十八）年の参議院予算委員会では、このようなやりとりがありました。

○参議院文教委員会・一九六三（昭和三十八）年三月二十八日

議員「現に昼間、学校に就学しないで、夜間、学校にきている生徒が全国で幾つかあります。（中略）大体適齢をほとんど過ぎている（中略）夏分は若干いいと思う。冬、暖房設備のない校舎に六時過ぎごろからやってきて、かじかんだ手で冷え切った弁当を食べているのですが、市に私自身話をしてみましたが、市独自ではこれらの人々に給食を実施するに至らなかったのでありますが」

文部大臣「夜間中学の問題は、（中略）やみの中学の問題でございますから、これを絶滅するということに全力を注ぐべきだ、しかし誤って現にあるから、それに対して夜食その他をやったらどうかという御意向のようですが、それはやるべきでないと思います。これこそは憲法二十五条の線に立って、国全体として当たって、根本的にそういうことのないようにすることを急ぐということであろうと思います。」

これは、自らも福岡市において、夜間中学校に関わった経験がある議員が行った質問と、それに対する国の答弁でした。議員は、「仕事を終えてやってくる生徒が、夜、暖房設備のない教室で冷たい弁当を食べている。夜食を出せないのものか」と質しますが、大臣は、夜間中学校を「やみの中学で誤って存在するもの」「全力で絶滅させる対象」として、ましてや「夜食の補助」などありえないと、きっぱりと拒否します。

長くなったので小括します。

戦前・戦後には、貧しさために義務教育から〝漏れ出た〟人たちがたくさんいました。戦後の夜間中学校は、そうした人たちにとっての受け皿となっていました。その中で、「国の責任たる義務教育体制の不備」として、政府に対して、相応の措置を要望する動きが出てきます。

しかし、法制度上は、そのような学校は認められていません。政府の姿勢は、「夜間中学校は、今は黙認せざるを得ないが、やがて廃止されるべきもの」として一貫していました。また、昼間の学校に通えないのは、「経済的状況」と「家庭の無理解」によるものであり、夜間に通わなくてもすむような（昼間の）就学援助政策の強化をもって是正するとしたのです。あくまでも、学齢生徒の行き先は昼間の学校である。そこへの就学を徹底させることを政策目標としたのでした。

第4話　夜間中学校の減少と生徒の変容

第一部・第1話で示した表「夜間中学の校数と生徒数の推移」でみたように、夜間中学校は、誕生の一九四七（昭和二十二）年以降、その学校数も生徒数も、ともに急増します。しかし、一九五五（昭和三十）年をピークに、今度は、急速に減少に転じます。生徒数でいうと、一九五五（昭和三十）年が五二〇八名、一九六八（昭和四十三）年が四一六名で、この十三年間に十分の一以下の数になります。

一九五五（昭和三十）年とは、日本においては、〝東洋の奇跡〟と呼ばれた「高度経済成長期」の始まりとされている年です（以降、一九七三（昭和四十八）年まで続いたとされています）。それは、後に様々な歪みを残しますが、その時期に、国民全体の所得水準が上がったのは確かです。「もはや戦後ではない」宣言（一九五六（昭和三十一）年・経済白書）も有名です。

余談ですが、私も、その高度成長期の中で少年時代を過ごしました。当初の朝ご飯は、「ラジオドラマ」を聴きながらでした。今でいう朝ドラです。やがて質素な我が家にも〝三種の神器〟が現れました。冷蔵庫、洗濯機、テレビです。

当然ですが、冷蔵庫には「冷凍室」はなく、洗濯機は全自動などではなく、脱水は手動ローラー、テレビは白黒で、スイッチを入れてから、画面が明るくなるまで数分かかりました。ともあれ、子どもながらに、家庭生活の変化は、身をもって感じました。

国民全体の所得水準の向上が、夜間中学校生徒数の減少の一要因であったことは確かです。もともと、家計の苦しい人たちが多かったという社会背景の中で誕生した学校です。しかし、減少の裏には、もうひとつ要因がありました。それは、当初から、一貫して夜間中学校の存在を認めないという文部省の圧力です。一九六六（昭和四十一）年には、行政管理庁(1)により「夜間中学校の早期廃止」という行政勧告も出されました。

行政管理庁は、年少労働問題に関しての行政監察を行い、その勧告の中で文部省に対して、「児童労働の容認につながる夜間中学校の早期廃止」を求めたわけです。このように、夜間中学校の問題は、文部省という「教育行政分野」だけのものではなくなっていました。

このように、政府の「夜間中学校への否定的な態度」が、昼間の中学校から夜間の中学校への〝紹介〟を減少させたと考えられています。また、文部省は当然、（夜間中学校に対して）積極的な予算措置は講じません。夜間中学校の財政難が、その存続の障害ともなりました。

夜間中学校の生徒数の減少について、当時の現場の先生たちは、どうとらえたのか。いろいろな意見がありました。貧困が減り、昼間の学校に通える子が増えたとして、これを評価する声もありました。しかし、結論としては、経済成長から取り残され、貧しさの残った地域もあり、依然として「夜間中学校が必要不可欠な状況がある」ことが確認されます。

また、高度経済成長期は「文字化社会」への移行期でもありました。誰もが文字の読み書き力、文章を理解できる力が必要とされていきます。それがないと、日常の生活自体で不利なことが多く起きる、そんな社会ができていきました。また、一定の「学歴」がなければ生き辛い「学校化社会」へと変化したのもこの時期です。

〝大国意識〟が広がる中で、政府も「日本では識字問題は解決した」と表明するようになります。しかし、実際には、学び損ねたまま「文化社会」を生きていかざるを得なかった人たちがいました。その数は、百数十万人に及ぶとされていました。大きな見落としのある〝上滑りの社会〟がまだそこにありました。

社会環境が変化していく中で、夜間中学校の現場でも、これまでとは異なった様相がみえ始めます。割合としての「学齢超過者」と「登校拒否」（以下、不登校）の増加です。これについては、後述します。

小括します。一九五五（昭和三十）年以降、夜間中学校の学校数も生徒数も激減。国民全体の所得水準の向上と政府からの圧力が、その背景にありました。しかし、夜間中学校の必要性は、決して消えるものではありませんでした。

そして「貧しさ問題」の相対的な減少の一方で、「学齢超過者」と「不登校」の問題が浮上してきます。

注

（1）行政管理庁は、行政機関や公共企業体などの業務が、適切に行われているかどうかを調査して、問題があれば、改善勧告を行う機関として存在していました。一九八四（昭和五十九）年に廃止され、その機能は、現在の総務省の中の部局に引き継がれています。

第5話　夜間中学校の開設運動と学齢超過者問題

1　夜間中学校の開設運動

一九四七（昭和二十二）年から増加の一途をたどった夜間中学校でしたが、一九五五（昭和三十）年をピークに、学校数も生徒数も減少に転じました。そして、一九七〇（昭和四十五）年頃から再び増加へと変化します。

一九七〇（昭和四十五）年度の生徒数は六百八十六名ですが、一九九八（平成十）年度には、三千三百六十六名と約五倍に増加します。

その背景には、夜間中学校の開設・増設運動（＝廃止反対運動）がありました。この運動は、先述した一九六六（昭和四十一）年に発せられた、行政管理庁による「夜間中学校の早期廃止」の行政勧告に反発してのものです。

運動は、一九六〇（昭和三十五）年代後半から、都市部を中心に起こります。それは、夜間中学校の関係者、その他の運動組織、市民をも巻き込みました。夜間中学校の実情を伝える映画が制作され、その上映会が全国各地で行われ、一九七〇（昭和四十五）年代を中心に、草の根的に広がりをみせます。このときの先頭を切った人物として、高野雅夫さんという人が有名です。

夜間中学校が、制度的には「二部授業」という位置づけであったために、運動の矛先は、実際に中学校を設置する自治体に向けられました。自治体も「学齢超過者への教育機会の提供」として、これに応えていきました。こうして、全国的にも夜間中学校が増えていくことになります。

2　高野雅夫さんのこと

高野雅夫さんは、一九三九（昭和十四）年の旧満州生まれ。戦後の引揚げ最中に両親とはぐれて、戦争孤児収容所に入りますが、そこを〝脱走〟して、福岡、大阪、東京等を転々とします。

一九五七（昭和三十二）頃、東京の寄せ場山谷地区に流れ着き、バタヤ(1)をしていた在日コリアンの男性に助けられます。バタヤとは、ごみ箱や道路上の紙屑、ぼろ、金物などを回収して生活する人のことをいいます。その後、高野さんが文字を学び、自分の名前をかけるようになったのは、十七歳の頃だといいます。

高野さんは、一九六二（昭和三十七）年に戸籍をつくり、二十二歳で荒川区立第九中学校夜間学級に入学します。卒業時の作文に、夜間中学に入学した際のことを「生れてはじめて学校の机に座った。生れてはじめて差別のない社会を知った」と書いています。差別だらけの中で生き抜いてきた髙野さんにとって、夜間中学校は、自分を排除しない、新しく特別な存在でした。

その髙野さんにとって、行政管理庁による「夜間中学校の早期廃止」勧告は、それを必要としている人たちの現実と乖離した、あまりに許しがたいものでした。そして、出身の夜間中学校で、映画『夜間中学生』を撮影し、それを背負って、夜間中学校の廃止反対を訴える全国行脚を始めます。「俺たちにとって学ぶということは、ただ文字が書けるようになるってことじゃない。人間としての誇りと権利、そして差別と戦う武器となる『文字と言葉』を奪い返すことなんだ」という信念のもとで、この運動を先導します。

3　学齢超過者の増加と学齢生徒の就学制限

一九六〇（昭和三十五）年代は、夜間中学校の開設・増設運動の一方で、生徒層にも変化が見られ始めました。生徒の中に占める学齢生徒の「割合」が減少したのです。在籍生徒の大半が「学齢超過者」となっていきました。

学齢超過者とは、何らかの事情で長期の間、学校を欠席していて、十分な義務教育を受けることなく（義務教育未修了(1)のまま）学齢期を終えた人たちです。日本の義務教育制度において、基本的には、「原級留置」（落第や留年）や「除籍」はありません。飛び級（1

年以上飛び越して進級する）もありません。「年齢主義」といって、年齢によって学年が決まり、年齢とともに進級して、やがて卒業します。具体的には、十五歳で初めて迎えた三月三十一日で、義務教育の対象者ではなくなります。これが「学齢期を超えた（終えた）者」ということで、「学齢超過者」となります。

「形式卒業者」(2)になる人もいれば、卒業資格が与えられないままで終わる人もいます。これにより、「最終学歴が小学校」などという事態も起きてしまうわけです(3)。

統一された基準で行われた調査ではないために、単純な比較は困難ですが、一九五九（昭和三十四）年には、割合として、四十一・八％であった学齢超過者が、一九七〇（昭和四十五）年には、九十一・二％にまで増加したという記録があります。その中で、大阪や京都では、「原則的に学齢生徒の入学を認めない」という夜間中学校も新設されています。

この「学齢超過者」の浮上は、後に文部省の夜間中学校に対する方針に、大きな影響を与えます。

これについては、この後、詳しく述べていきますが、まずは東京都の動きが注目されます。「学齢超過者」の問題がクローズアップされる中で、一方で「学齢期」への対応も具体的になっていきます。

東京都教育委員会は、一九七四（昭和四十九）年に、「義務教育未修了者の就学対策について」という文書を出しますが、そこに、次のような文言が入ります。横線は、私によるものです。

「義務教育を修了することなく学令をこえた者が相当数あり、しかもこれらの者のうち中学校教育を希望する者が多いことを無視することはできない。また一方旧制度の義務教育修了者の中にも進学、各種国家試験の受験等の必要性から中学校における教育を希望する者が存在している」

このように東京都は、まずは「学齢超過者」と「旧制度の義務教育修了者」の存在を認め、これに対しては、一定の対策が必要であるという認識を示します。その一方で、「学齢生徒」については、「原則的には昼間学校に就学すること。夜間への就学は望ましくない。しかし、事例によっては二部就学を許可し回復にともない昼間に復帰させる」とします。

このように、学齢生徒の夜間中学校への入学は、「基本的には望ましいものではない」と明確にしつつも、この段階では、「例外」としてはありうるとして道を残しています。

しかし、これも一九八〇（昭和五十五）年代に入ると、より制限の方向で明確になります。一九八八（昭和六十三）年度の学校要覧には、夜間中学校の対象を、「学齢を超過しており、義務教育が未修了である者」と記されました。

こうして、段階を追いながらも、最終的には、夜間中学校は「学齢超過者のみの学校」であり、「学齢期はその対象外」となっていきます。

関連して、東京都のこの文書での「形式卒業者」の取扱いは、どうだったでしょうか。「既卒者の再就学は原則として認めない。ただし特別の事情がある場合は、区市教育委員会が校長の意見を聞いて許可することができる」としました。

形式卒業者とは、昼間の学校で十分に就学できていないにも関わらず、年齢主義のもので自動的に「卒業証書」が授与された人たちです。このように、この人たちは、原則として「入学対象外の存在」に置かれてしまいます。「形式的ではあっても卒業した人である」という、まさに〝形式論〟の中で外され、「卒業資格を持たない学齢超過者」への対応の方が優先されます。

これは大きな課題でした。どちらも十分な就学できていないことは同じなのです。夜間中学校関係者の中では、「形式卒業者」にも、学びなおしの機会を与えるべきという声が多くありました。しかし、この方針は、東京都に限らず全国的にも共通のものとなっていきます。

また、東京都の文書は、外地からの「引揚・帰国者」についても触れられていました。その取扱い内容は、「学齢超過者の者の夜間中学での就学を認める。日本語の読解力、書記力のない者に対しては一応日本語学級で学習させる」でした。これについては、次話で述べていきます。

小括します。政府の「夜間中学校の早期廃止」という方針が、関係者の危機感となり、開設・増設運動が起こります。これが全国に広がり、大きな力となります。

また一方で、学齢超過者の問題が浮上し、その対応にも迫られる形で、夜間中学校数は増加に転じます。しかし、「形式卒業者」は、入学の対象外でした。また、学齢期の入学も強く制限されていきました。

注

（1）「義務教育未修了者」といいます。学齢期に「義務教育」を十分に受けることができなかった人です。何らかの事情で長期欠席して、実質的には学べなかった人で、その事情はさまざまです。生活のために仕事をしていた、働いている親に代わってその幼い弟妹の子守りをしていた。その他、学校への不適応、病気、障害、保健室登校などもあります。

（2）学齢超過者の中でも「卒業した形になっている」人です。実際には、学校に通っていない、十分に学んでいないのに、学校は「卒業」しているのです。「年齢主義」

では、義務教育の修了年齢に達すると「卒業」とされます。学校に来なければ、卒業証書が自宅に送り届けられます。

（3）「義務教育未修了者」と「形式卒業者」の関係について。文科省通知「義務教育修了者が中学校夜間学級への再入学を希望した場合の対応に関する考え方について」（27初初企第15号、平成27年7月30日、文部科学省初等中等教育局初等中等教育企画課長発、各都道府県教育委員会教育長・各指定都市教育委員会教育長宛）では、ここでの「再入学希望者」を「様々な事情からほとんど学校に通えず、実質的に十分な教育を受けられないまま学校の配慮等により中学校を卒業した者」としています。いわゆる「形式卒業者」です。この通知では、「形式卒業者」は、あくまでも「既卒者」であり、「義務教育修了者」の中に存在するものとして位置づけていると読み取れます。この「形式卒業者」の位置づけについては、関係諸論文の中でもバラつきがあります。本書（の主旨）においては、「形式卒業者」も「実質的に未就学であった者」として、「義務教育未修了者」の一員として扱っていきます。

第6話　引揚・帰国者の入学

夜間中学校では、一九七〇（昭和四十五）年代に、生徒に占める学齢超過者の割合が増加します。その一方で、「引揚・帰国者」の学習の受け皿にもなり始めていました。

その始まり時期について、正確なデータはありませんが、全体としては一九六〇（昭和三十五）年代後半からと推察されています。

「引揚・帰国者」とは、外地（日本が支配していた外国の地域）に生活基盤があった日本人で、敗戦により日本に戻された人たちをいいます。そこには、その配偶者や子どもたちも含まれます。

「引揚」は、組織的・集団的に行われますが、それは一九六一（昭和三十六）年に終了します。その後、個々に帰国する人たちもいました。

敗戦で日本は〝賊軍〟⑴となったわけですが、引揚・帰国者は、外地においても、また帰国後の日本においても、大変の厳しい生活を強いられました。

引揚者のひとりであった、作家の五木寛之さんが、ある雑誌で語っていた体験談を、要約したものです⑵。

「住んでいた平壌（北朝鮮）に、ソ連軍が進駐(3)。家を接収され、病気の母親をリアカーに乗せて、泊るところを探して雨の中をさまよい歩く地獄のような生活。繰り返しの暴行や略奪。日本女性が、進駐軍に連れ去られる。朝方にボロボロになって帰ってくる。

現地の人が、日本人の子どもを欲しがり、食糧やお金と交換してくれと言いにくる。このまま共倒れになるよりも、外国人に預けた方が、我が子にとってはまだ幸せなんではないかと、無理やり自分に言い聞かせて、交換に応じる母親。自分（五木）はその仲立ちをしたこともあった。

赤ん坊が泣くとソ連兵に見つかるからといって、口を押さえて（結果として）死なせてしまう。引揚げの中で、一番ひどかったのは満州と北朝鮮。そこから引揚げてきた人は、皆どこか心が病んでいる。その人の人生に暗い影を落とし続ける。」

また、引揚げの船中で、命を落とす人もいたといいます。戦争を知らない私たちには、想像ができません。

その引揚・帰国者には、その子どもたちも含めて、日本で生きていくための「日本語教育」が必要となりました。少なくとも親は日本人です。親は、子どもに教育を受けさせる義務があり、ここに「引揚・帰国者の日本語教育問題」が発生しました。

外国人向けの日本語学級はありましたが、それは限られた数でした。また、そこに行くには、お金がかかります。官庁や会社の海外勤務者の子どもに対しては、国が指定した特別学級もありました。これも都市部に限ってです。大学付属の小・中学校に設けられましたが、一般の引揚・帰国者には、その門戸は閉ざされていました。

一般の引揚・帰国者を受け入れる教育機関など、どこにもありません。その中で、学齢期の子どもたちは「公立の学校」へ、学齢超過者は「夜間中学校」に入学していきました。しかし、それは行政による組織的な対応ではありません。どこにも学ぶところがなかった人たちが、口伝い、人づてに、夜間中学校に集まったのでした。

日本での生活には、日本語の習得が必要不可欠で、その人たちの切実な要望は、「日本語を学ぶ場が欲しい」でした。これは、厚生省（現在、厚生労働省）も承知していました。しかし、引揚・帰国者は全国に散らばっています。国は、その対策を立てられないままに、引揚事業のみが進んだのでした。

政府の無策の中で、多くの人が、夜間中学校に流れ込みます。現場の先生たちにも困惑・混乱が生じました。

言葉が通じない、したがって、会話ができない。ひらがなも読めない、書けない、抽象的なことになると全く理解できない生徒たちを前にして、先生たちは、一番学んでいる生徒に頼んで通訳をしてもらいました。幼稚園の絵本、小学校低学年の教材などを駆使しました。夜間中学校が、〝日本語学校化〟しているともいわれました。

先生たちに課された仕事は、日本語教育だけではありませんでした。実際に日本語が出来ないと、働く場もありません。生徒たちにとっては、複雑な環境の中で育ち、また生活習慣の異なる国での生活です。何かにつけて厳しい生活を余儀なくされる生徒たちに対しては、生活面での対応も必要となっていました。

このような状況を政府はどうとらえていたのでしょうか。国会の審議録から見ていきます。横線は私によるものです。

○衆議院予算委員会第三分科会・一九七三（四十八）年三月三日

議員「それは大体帰ってくる人たちはほだか同様で、せいぜいかばんの一つか二つ持ってくるだけで、しかも日本語を知らない子供たちを連れて帰ってきているわけなんです。そこですぐに問題になるのは、やはりまず一つは働いて自立しなければならない。日本語を知らない子供たちに対して、日本語というものをまず教えなければならない。大体二十年、三十年ぶりに帰ってくるのですから、たとえば親戚がおったって、親きょうだいがおったって、そこには一つの独立した生活圏ができておりますから、引き取ってめんどうを見ようということにはならないのですよ。」

厚生省援護局長「引き揚げ者と申しますのは、終戦前から外地にあって、初めて内地に帰ってこられるのが引き揚げ者でございまして、そういった方々はまさに敗戦による犠牲者でございますので、私どもは引き揚げ者として援護しておるわけでございます。」

議員「教育の問題ですね。ことばを知らない子供たちが来る。いま現在どうなっているかといいますと、東京に三つですか、（中略）特に韓国語のわかる教員がおって、日本語の教育をしているということですね。それ以外はどこにもないし、（中略）中国語は教師のほうはみんなわからないという現状にあるわけですね。こういうのだってどうするかといったら、現実にはほうってあるわけでしょう。（中略）しかもどこでやっているかといえば夜間中学ですね。（中略）こういう現状ですよ。これは文部省のほうとしてはどのようにお考えになっておりますか。」

文部省初中局中学校教育課長「いわゆる夜間中学校、本来中学校の夜間学級といわれるものは、義務教育を日本におりながらも終了できなかった人たちに義務教育終了の資格を与えて、その後の生活上の利便を提供するという目的でつくられておりますので、そこで勉強しておられる方々は、かなり年配の方々が多い。そういう理由で、外地から引き揚げてこられました方々の日本語教育というものも、便宜ここでやっているというまさに便宜の手段であろうと思うわけでございますが、しかしながらそういう要請が現にあるということでございますので、東京都並びにそれぞれの区のほうで御相談をし、教員定数等につきましても特別の配慮をして、こういう学級を設けている。（中略）すべての語学の先生方をここにそろえるということは、いわゆる中学校の夜間学級という一つのワクの中での仕事であるということからたいへん制約がある。（中略）たいへん困難をしておるというのが実態でございます。」

このように厚生省は、「引揚・帰国者は、敗戦による犠牲者として、国としては、全般的には援護するものである」という姿勢を示します。しかし、「日本語教育」となると、当の文部省は、「成人に対する日本語教育は、中学校でやる性質のものではない。現時点における現実的な対応の一つとして受け入れる」という見解を示します。あくまでも「便宜的な措置」として、夜間中学校への入学を容認しているというのです。

「便宜的」とは、とりあえずの一時しのぎという意味です。そして、文部省のこの姿勢は、その後も長く続いていきます。

注

（1）　幕末の戊辰戦争に由来を持つといわれる「勝てば官軍負ければ賊軍」から引用し

ています。「どうであれ、勝った方が正義で、負けた方が不正義である」という意味で用いています。

（2）五木寛之・境野勝悟対談「人生百年時代をどう生きるか」『致知』二〇二三年四月号の記事です。

（3）ソビエト連邦は、一九九一年の崩壊により今はありません。現在の「ロシア」は、「ソ連」の分裂によって独立した1つの国家で、ソ連は、実質的にロシア政府が支配していました。このことから「ロシア」は、実質的に「ソ連」の後継国家というとらえ方が主流となっています。

第7話　不登校問題と夜間中学校

一九六〇（昭和三十五）年代始め頃からの夜間中学校の特徴として、不登校生徒の入学があげられます。「学校ぎらい」（当初の呼称）から、昼間の学校に来なくなった生徒が、一部、夜間中学校の方へやってくるようになりました。

先述のように、文部省は、学齢生徒が夜間中学校へ入学することには否定的です。よって、この点でも「昼間の子が夜間に流れる」という面での困惑・混乱が生じていたと考えられます。

ちなみに「学校ぎらい」「登校拒否」という呼び名は、学校に通わない要因は、主に「本人による事情」（本人の問題）にあるという意味で使われてきました。基本的には、生徒本人の性格・資質の問題であり、ひいては、親の育て方の問題というとらえ方です。そこには「学校を単に嫌っている困った子たち」という周囲からの冷たい眼差しがありました。

その後研究が進み、「登校拒否は誰にでも起こり得る」として、一九八〇（昭和五十五）年代後半には、「不登校」という呼び名に変わります。これが定着するにつけ、「子どもに対する理解の必要性」という視点が生まれました。そして、子どもにとっての「居場所」の大切さが見なおされていきます。

旧文部省と現在の文科省により毎年行われてきた「学校基本調査」では、一九九八（平成十）年以降、「不登校」という言葉が用いられていました。その呼び名が変わるとともに、定義も変わりました。「他に特別な理由はなく、心理的な理由から登校をきらって長期欠席した者」（登校拒否）から「何らかの心理的、情緒的、身体的、あるいは社会的要因・背景により、児童生徒が登校しないあるいは登校したくてもできない状況にある者」（不登校）となります。

これは昼間の学校についての調査です。東京都による「公立小中学校長期欠席児童生徒の欠席要因」（一九五二（昭和二十七）年〜一九六三（昭和三十八）年）では、児童生徒の出席状況は、年々、大幅に改善されていきます。その背景には、文部省による就学対策の強化もありました。こうして、ともかくも長期欠席者は減少しました。

次に、「欠席理由」です。もともと小学校では「身体的理由」が、六割から七割を占めていました。そして、一九五二（昭和二十七）年度では、その第二位に「経済的理由」（約十六％）が、第三位に「家庭的理由」（約十四％）が続き、「精神的理由」（約六％）は第四位でした。

それが、一九六一（昭和三十六）年度には入れ替わります。第四位であった「精神的理由」が、第一位の「身体的理由」に続く第二位に浮上します。

一九五二（昭和二十七）年度の中学校での状況です。「経済的理由」による欠席が一番多く約四割でした。第二位に「家庭的理由」がきて、この二つをあわせると約六割。中学生の多くは「外で働く」か「家業の手伝い」をしていた様子が伺われます。そして、長期欠席の約八割の生徒が「家計を助けている」ということでした。これがその時代の現実でした。

ところが次第に、この大勢を占めていた「経済的理由」と「家庭的理由」は減っていきます。一九六三（昭和三十八）年度には、「身体的理由」（約三十八％）が第一位、「精神的理由」（約三十六％）が第二位と、この二つが順位を上げていきます。「経済的理由」（約十一％）と「家庭的理由」（約七％）は、順位を下げ、長期欠席（不登校）は、身体的なものと精神的なものとなっていきました。そして、その一部が、夜間に回ってきたということです。

第二部　夜間中学校の政策転換

第1話　文部省による夜間中学校の容認

一九七〇（昭和四十五）年代、一度減少した夜間中学校の数と生徒数が、再び増加に転じます。これは夜間中学校の開設・増設（＝廃止反対）運動の成果でした。

また、時期を同じくして、夜間中学校に対する文部省の方針にも、変化がみられました。「夜間中学校の早期廃止」から「夜間中学校は必要なのではないか」という見方になったのです。何と真逆の方針転換です。

しかし、「学齢生徒は、昼間の学校に通うべき」という主張は、変わりません。「子どもは、あくまでも昼間の学校に通う」です。では、文部省の「方針転換」とは何だったのでしょうか。

夜間中学校において〝容認〟の対象となったのは、学齢を超過した義務教育未修了者でした。学ぶべき時期に、何らかの事情で学ぶことができなかった人たち、そして、そのまま社会へ送り出された人たちです。この「学齢超過者」問題が、大きく浮かび上がったことが、文部省の方針転換の背景にありました。
そして、それは同時に、夜間中学校が、「引揚・帰国者」の受け皿になり始めたタイミングでもありました。

この間、文部省において、どのようにして認識の変化が起きたのか。国会の審議録からみていきます。引用した審議記録上の横線は、私によるものです。

○参議院予算委員会第四分科会・一九六八（昭和四十三）年四月十二日

議員「私は夜間中学校について少しお伺いをしたいと思います。四十一年の秋に、行政管理庁から文部省へ、夜間中学校をなるべく早く廃止をするように指導をすることというような勧告が行なわれたようでございますが、そのことにつきまして、その後文部省としてはどんなふうにお考えいただいておるでしょうか。」

文部大臣「夜間中学の問題は前々からの問題で、（中略）この夜間中学を合理的に整理していくといいますか、解消していくということで、文部省としても努力しなければならないと思っております。」

担当局長「これはもういまさら申し上げるまでもないことで、義務教育において夜間授業を受けるということは好ましくないという前提で、いままでいろいろ措置をしてまいっておるわけでございます」

このように、まず文部省としては、「学齢生徒は昼間へ」という方針に、いささかの変更もないことを明言します。一方で、学齢生徒の（割合の）減少と「学齢超過者の（割合の）増加傾向をもって、次のような言及がありました。

担当局長「たとえば東京の例で申しましても、夜間中学におります生徒が二百五十七名おるわけでございますけれども、いま学齢期にあります生徒は五十六名で、それ以外がみんな年齢超過者でございます。この学齢者につきましては、できるだけ諸般の処置をしながら、昼間に就学するように、各地でも努力していただいておるわけでございますが、実はこの年齢超過者の問題は、本来の学齢者の中学校教育と違ったような意味を持ってきておりまして、過去において不就学の状態であったとか、あるいは義務教育を修了する機会を逸したとかという人たちが、その後いろいろな関係から義務教育の修了だけはしておきたいということで来ておられる方もあるものですから、この問題は二つに分けて考えなきゃならぬと思っております。」

ここに、学齢生徒はあくまでも「昼間の学校」であるが、学齢超過者に対しては、何らかの検討を行うべき、という意味合いが入ります。

そして、旧制度（戦前は尋常小学校卒業までが義務教育であった）の人たちが、戦後の新制度（中学校卒業までを義務教育とする制度）のもとで、中学校教育を希望することは、あらかじめ想定されていたとして、次のような発言があります。

担当局長「高年齢者の問題につきましては、だんだん数が減るとは思いますけれども、いまこの中学校を開いている段階で、これらの人を拒むということもできませんので入れておりますが、行く行くは成人講座、あるいは先ほど申しました通信教育その他の方向にだんだん解消していかなきゃならぬのじゃないかと、このように思っております。」

このように、この段階で担当局長は、「高年齢者（学齢超過者）に対しても何かしら考えなければいけないと思っている」と、学齢超過者に対する、何らかの対応の必要性についての認識を示します。

これが一九七〇（昭和四十五）年代に入ると、明確な変化がみられ始めます。以下は、できるだけ記録の原文の表現を残しながら、一部、私が要約したものです。

○参議院文教委員会・一九七一（昭和四十六）年五月十一日
議員「学校教育法を改正する考えはありますか。」
担当局長「十五歳以下の子供のために夜間課程を置きますれば、これは昼行かないで夜のほうへと、本人の理由もありましょうけれども、そうでない家庭等の事情で夜間を認めれば夜間に流れていきますので、これは子供のためにならない。そういう意味におきましては直すつもりはございません。しかし学齢を過ぎた方々が、（中略）これは韓国から引き揚げた方が入っておるとか、そういう言い方をなさる方もあるのですが、どういうことか波がございまして、したがいましてそういう方々のために、学齢を過ぎた人のために夜間課程を置くといったようなことであればこれは検討課題にはなろうかと思いますが、学齢の子供のために夜間課程を置くような意味での法律改正をする気持ちはございません。」

○参議院予算委員会・一九七二（昭和四十七）年四月二十二日
担当局長「生涯学習の一環とでもいうか、このような現存いたしておりますし、またこの役割を十分に果たしていることからあたたかい目で見守っていきたい」
文部大臣「これは一人といえども要望者がある限りは続けていきたい。世の中の変化で学校数は減るかもしれないけど教育内容は充実したものにしてあげたい」

○参議院文教委員会・一九七二（昭和四十七）年五月二十五日
文部大臣「生涯教育という観点から考えますというと、高年齢層の就学者が非常に多いということを考え、むしろ夜間中学ができるだけ多くつくって、できるだけ多く収容してあげることを考えるべき」

このように、夜間中学校は、「早期に廃止されるべき存在」から、明確にして、「必要な存在」ということになります。しかし、新たな法整備までは行わないません。現行法の中での「二部授業」として位置づけて容認するということです。

しかし、大臣の発言に至っては、勢いあまってか、「できるだけ多く収容して」という発言まで飛び出すなど、ともかくも、方向性が全く変わっていきます。

こうして夜間中学校は、学齢超過者を対象とした教育機関として、その存在が認められ、この方向性は、その後も変わることなく踏襲されていきます。

しかし、これには、課題が残りました。かつて義務教育から〝もれ出た〟人たちは、たくさん存在します。これに対して、政府として、「全て（遡って）義務教育の保障を果たす」というものではありませんでした。次の答弁に、その特徴が表れます。

○参議院予算委員会・一九七四（昭和四十九）年四月四日
文部大臣「義務教育という見地でとらえますと六歳から十五歳まで。今御指摘の問題は、義務教育に準じた処遇をしていこうじゃないか。市町村が夜間中学でそういう人のお世話をする。教科書も無償で配布するし、国としては必要な教育費用の分担もするというわけでございます。」「それ以後の問題につきましては義務教育という見地ではなく、社会教育的な見地でとらえる性格のものではなかろうか。」
担当局長「補うような手段を講ずることは、地方公共団体とかあるいは国もお助けしてやるべき事柄であると思います。国、地方公共団体が義務を負っているわけではもちろんありません。」

このように政府の方針は「義務教育の保障」ではありません。あくまでも「社会教育・生涯教育」の視点から「義務教育に準じたもの」として、「お助け」として、行っていくというものです。国も地方も、「義務」は負っているわけではない。義務を負わないということは、「責任」はないということです。そして、この方針は、一九八〇（昭和五十五）年代以降も、変わらず踏襲されていきます。

小括します。国により「否定」されてきた夜間中学校は、学齢超過者問題に焦点が移っていく過程において「肯定的な存在」に転換しました。

絶え間なく続けてきた夜間中学校の教育活動と運動が、学齢超過者の問題を表面化させ、政府としても、これをとらえなおす必要に迫られたといえます。

人が、社会生活を送る上で、義務教育程度の学力は必要です。個人の自立の観点からも、社会全体の発展の意味からもです。然るに、国民への教育問題というのは、国家運営の根本的なテーマです。それらを踏まえたとき、政府としても、これに蓋をしたままにしておくことができなくなったと言えないでしょうか。

第2話　夜間中学校の多様化と政策転換

これまでみてきたように、夜間中学校の教育対象（生徒）は、時代とともに、大きく変化してきました。列記するとこうです。

①一九四七（昭和二十二）年、貧困等を背景とした社会情勢の中で、学校に通えない学齢生徒の受け皿として始まります。

②一九六〇（昭和三十五）年代、学齢生徒は減少して、義務教育未修了の学齢超過者（旧制度の既卒者含む）の割合が増加します。そして、やがてそれが大半を占めます。

③主に一九七〇（昭和四十五）年代、外地からの引揚・帰国者の入学が増加します。

④一九八〇（昭和五十五）年代、不登校生徒の入学が目立ち始めます。

これに、一九九〇（平成二）年代に入ると、また新たな学習者層が加わってきます。「ニューカマー（new comer）」（新渡来外国人《しんとらいがいこくじん》）です。

ニューカマーとは、直訳すると「新しく来た人」ですが、ここでは、主に一九八〇（昭和五十五）年代以降に来日、滞在し始めた外国人を示します。いわゆる「在日外国人」です。

これに対して「オールドカマー（old comer）」という呼ばれる人たちがいます。これは、戦前から日本に住んでいる外国人やその子孫です。いわゆる「特別永住者」です。このように、在日外国人には、来日した時期によって、二つの呼称があるわけです。

韓国、朝鮮、台湾などは、戦前には日本の統治下にありました。当時、日本で暮らしていた、それらの国々の出身者は、「日本国民」とされていました。それが、日本の敗戦により、日本国籍から離脱することになります。

しかし、日本国籍を失っても、そのまま日本で暮らし続ける人も多くいました。その人たち（子孫も含む）に対しては、「日本国との平和条約に基づき日本の国籍を離脱した者等の出入国管理に関する特例法」（一九九一（平成三）年施行）という法律により、新たに永住権が与えられました。これが「特別永住者」です。

それは、一九八〇（昭和五十五）年代のバブル期でした。日本の労働力が不足してきて、産業界からは、「外国人労働者の受け入れ」を求める声が高まります。そして、「出入国管理及び難民認定法」（略称、入管法）が改正されます（一九九〇（平成二）年）。それまで、外国人の「定住目的」や「就労目的」の入国は、強く制限されていました。しかし、この法改正で緩和されます。来日する外国人は増加し、また多国籍化していきました。

当初は、短期滞在（デカセギ）のつもりであった外国人の中にも、「自国に帰るよりも日本の方が」と、長期滞在を選ぶ人が増えてきました。また、家族を呼び寄せるケースも出てきました。地域によっては、同じ国の者同士によるコミュニティも形成されました。こうした国境を越えたグローバル化の拡大で、外国籍住民が増加します。

しかし、日本で生活する外国人（子どもを含む）にとって、日本の言葉が分からない、字の読み書きができないことは、とても不自由で不安なことです。そうした人たちが、夜間中学校にやってきたのです。夜間中学校の現場でも、試行錯誤が始まります。

その後もニューカマーの総数自体は増加し続けます。夜間中学校へのやってくる人も増えました。二〇二〇（令和二）年では、夜間中学校での外国籍者の割合は約八割とされています。

これに対する現在の文科省の姿勢は、「外国人の子の保護者に対する就学義務はないが、公立の義務教育諸学校へ就学を希望する場合には、国際人権規約等も踏まえ、その子を日本人児童生徒と同様に無償で受け入れる」(1)です。

かくして、①貧困等を背景とした学齢者、②学齢超過者、③引揚・帰国者、④不登校生徒に続いて、⑤ニューカマーという「学習者層」が登場してきました。

小括します。当初の夜間中学校は、貧困等を理由に学校に通えなかった、主には、学齢生徒の学習の場でした。その後、学齢超過者、引揚・帰国者、不登校生徒の増加という新しい学習者層が登場してきます。

そして、これにニューカマーが加わり、その後も増加の一途をたどります。政府は、それらの人々の「学習の場」として、夜間中学校を活用していかざるを得なくなります。

注

（1）文科省サイト掲載の「外国人の子等の就学に関する手続きについて」のＱ＆Ａでの回答（抜粋）

第3話　教育機会確保法

1　思いのバトンの繋がり

国から否定され続けた夜間中学校ですが、学齢超過者の問題を機に潮目が変わります。夜間中学校の存在と、現場での地道な活動並びに運動が、「義務教育未修了者」という存在を、「表舞台」に引き出します。それは、それまでの「義務教育制度」の〝もれ〟を可視化させることになりました。

加えて、政府も〝敗戦の犠牲者〟と呼んだ、引揚・帰国者の存在がありました。そして、産業界の人手不足が、外国人労働者の来日の門戸を広げます。ニューカマーの増加です。不登校生徒の増加も含めて、様々な問題が政策課題となりました。政府としても、既存の何かを活用しなければ、対応しきれない状況でした。こうして夜間中学校は、存在感を高めていきます。

このような時代の変遷の中で、夜間中学校を支え続けたのは、現場の先生たちやその関係者でした。国家に否定され、社会環境の変化に振り回され、困惑と試行錯誤を繰り返しながらも、夜間中学校を必要としている人たちを思い、そして、決して諦めなかった人たちの踏ん張りがありました。義務教育という「最低限の学びの問題」を他人事とせず、〝思いのバトン〟を繋ぎ続けた人たちの存在がありました。

2　夜間中学校の法制化へ向けて

全夜中研は、長年の間、夜間中学校の存在意義を訴え、その法制化を求め続けてきました。しかし、その壁は厚く、思うようには進みませんでした。

全夜中研は、その状況下で、二〇〇三（平成十五）年に、日本弁護士連合会（以下、日弁連）に対して、「人権救済申立て」を行います。

「人権救済申立て」についての、日弁連公式ホームページでの説明です。

「人権侵害の被害者や関係者の方々からの人権救済申立てを受け付け、申立事実および侵害事実を調査し、人権侵害又はそのおそれがあると認めるときは、人権侵害の除去、改善を目指し、人権侵犯者又はその監督機関等に対して、以下のような措置等を行っています。」

ここにある「措置等」とは、「警告」（意見を通告し、適切な対応を強く求める）、「勧告」（意見を伝え、適切な対応を求める）、「要望」（意見を伝え、適切な対応を要望する）、「意見の表明」などです。

この「措置等」に、法的な強制力はありません。しかし、司法の一翼である弁護士会の法的な判断として、一定の影響力は持ちます。

日弁連は、申し立てから三年後の二〇〇六（平成十八）年三月に、国に対して「学齢期に修学することができなかった人々の教育を受ける権利に関する意見書」を提出しました。「義務教育未修了の学齢超過者は、その教育を受け直すことを求める権利がある」（横線は私）という主旨を含むものです。

また、全夜中研は、国会議員への陳情活動も行いました。独自の法律案をつくり、「議員立法」に向けて働きかけます。通常、法律案は政府内閣がつくりますが、それを議員側がつくって出す場合もあります。議員のこだわりや熱心さが表れるといわれますが、これが「議員立法」です。

その頃、法制化運動の必要性を再認識させる出来事が起きていました。千葉市が進めていた夜間中学校の新設構想が、途中で取り止めとなったのです。

千葉市は、夜間中学校を、「不登校生徒の対応、外国人生徒の対応、中学校を卒業したがもう一度中学校の教育を受けたい者への対応等、多様な教育ニーズに応える施設・学級」として、対象を幅広くして検討していました。しかし国や県は、これに同意しませんでした。「このように多様化したニーズは、本来の夜間学級設置目的と相違している」「現行制度や事業の充実・整備による対応を検討してほしい」という見解でした。

法制度上に存在しないということは、こういう問題を引き起こすのでした。いくら市のレベルで、前向きに、また柔軟に対応しようとしても限界があります。このように上級官庁からブレーキがかかるのです。法的な根拠がない、制度化されていないというのは、こういうことでした。やはりここに、本質的な問題がありました。

3　教育機会確保法の制定

二〇一〇（平成二十二）年代に入って、政治的な動きが表に出てきます。

二〇一二（平成二十四）年八月、「義務教育等学習機会充実に向けた超党派参加・国会院内の集い」が開催されます。そして、二〇一三（平成二十五）年八月、「超党派参加・国会院内シンポジウム」が開催。「超党派」とは、日頃は異なる政策をもって対立し合う政党同士の議員が、共通の目標に向けて協力しあうことです。

衆議院文部科学委員会による学校現場の視察。「夜間中学等義務教育拡充議員連盟」（以下、議連）の設立。その他、その後も国会議員による活発な動きが続きます(1)。

二〇一五（平成二十七）年五月、「義務教育の段階における普通教育の多様な機会の確保に関する法律案」（多様な教育機会確保法案）が、議連座長試案として示されます。そして、二〇一六（平成二十八）年十二月に、ついに、「義務教育の段階における普通教育に相当する教育の機会の確保等に関する法律」（以下、教育機会確保法）が成立しました。

「教育機会確保法」の第十四条（就学の機会の提供等）では、「地方公共団体は、学齢期を経過した者（略）であって学校における就学の機会が提供されなかったもののうちにその機会の提供を希望する者が多く存在することを踏まえ、夜間その他特別な時間において授業を行う学校における就学の機会の提供その他の必要な措置を講ずるものとする。」と謳われました。夜間中学校を、日本の学校教育体系の中に、正式に位置づけたといえます(2)。

この法律の制定をもって、問題が全て解決したわけではありません。しかし、この法の成立は、長年の「関係者」の思いと、活動・運動の積み重ねによる大きな成果でした。「関係者」とは、夜間中学校の教職員（現職・元職）、生徒、元生徒、保護者、自主夜間中学校関係者、協力的であった行政関係者と政治家、そして賛同してくれた市民といえるでしょう。

4　文科省の地方教育委員会への働きかけ

二〇二〇（令和二）年国勢調査の結果として、この年の十月時点において、義務教育未就学者が、全国約九万四千人（前回約十二万八千人）、最終卒業学校が小学校の人は、約八十万四千人いると発表されました。小学校を、最終卒業校とする人を把握する調査項目は、今回初めて設けられたものです。

しかし、この国勢調査自体にも、まだ限界があると考えられます。配布された調査票を広げ、質問文を読み、意味を理解して、きちんと回答できた学齢超過者の人が、果たしてどれくらいいたか。高齢化もしています。依然として「潜在化」されたものがあるのではないかという疑問です(3)。

さて、文科省は、教育機会確保法の制定以降、夜間中学校の設置・充実に向けて、地方の教育委員会に対して、様々な働きかけを行います。夜間中学校の設置と充実に向けて積極的に努力することを促します。また、「形式卒業者や小学校を終えていない学齢超過者の夜間中学入学を認める」という通知を出すなど、夜間中学校の受け入れ対象者の拡充も図っています(4)。

努力目標として（文科省より）「各都道府県に最低1校の夜間中学の設置（人口規模や都市機能に鑑み、全ての指定都市において夜間中学が設置）」という具体的な数字も示されました。また、広報のための動画、ポスター、パンフレット等を作成し、夜間中学設置促進のための調査研究事業や手引きの作成、説明会等も行っています。先の国勢調査の結果を受けて、その後も地方教育委員会へ対する働きかけが続いています(5)。

これらの動きの中で、二〇二一（令和三）年には、徳島県では、全国で初となる県立の夜間中学校（単独校）ができ、同年に高知県でも県立の夜間学級が開校しています。

香川県三豊市、神奈川県相模原市、北海道札幌市でも、二〇二二（令和四）年四月に新しく開校しています。この内、札幌市の「札幌市立星友館中学校」は単独校です。単独設置では、「分校」や「二部」に比べると、教職員の配置基準も多くなります。毎年の運営費用にも影響します。その点では、思い切った取り組みです。

夜間中学校の現状の設置数は、本書の冒頭でも示したように、二〇二二（令和四）年十月現在十五都道府県に四十校です。

果たして文科省が推奨する「各都道府県に一つ以上」というのは、どの程度の意味を持つのか、今後どうなるのか。教育機会確保法が、この問題を十分かつ即座に解決してくれるということではありません。この大きな転換期は、緒についたばかりともいえます。

これに並行して、今、もう一つの動きに注目する必要があります。「自主夜間中学校」の存在です。次部では、これについて述べていきます。

小括します。夜間中学校を支え続けた団体やその他の関係者の、その絶え間ない運動が、政治を動かしました。

日弁連が「学齢超過者の学習権」についてのメッセージを発し、国会議員の超党派での動きも活発化。そして、ついに「教育機会確保法」が成立します。

その後、文科省は、各地方の教育委員会に対して、夜間中学校の設置についての積極的な働くかけを始めました。しかし、まだまだ十分ではありません。転換期は、緒に就いたばかりでした。

注

（1）二〇一三（平成二十五）十一月、衆議院文部科学委員会による東京都足立区立第四中学校夜間学級の視察。二〇一四（平成二十六）年四月、「夜間中学等義務教育拡充議員連盟」（以下、議連）の設立。二〇一四（平成二十六）同年七月、議連十一名での大阪府守口市立第三中学校夜間学級の視察。同年八月には議連と全夜中研との共催による「国会院内シンポジウム」が開催。二〇一五（平成二十六）年四月には、その前年に年実施された「中学校夜間学級等に関する実態調査」が公表され、その中で、「夜間学級の設置には一定のニーズがある。また、自主夜間中学・識字講座等には、不登校により義務教育を十分に受けられなかった義務教育未修了者も学んでいる」という見解が示されました。

（2）教育機会確保法では、夜間中学校の設置と促進以外に、「不登校児童生徒等に対する教育機会の確保等」ということで、「学校以外の場での多様で適切な学習活動の重要性」ということにも触れています。

（3）また、「形式卒業者」の中には、子どもの頃、学校に通わずして、最後に卒業証書一枚が自宅に届けられた人もいました。親が受け取った人がほとんどでしょう。そのような人が、自身を「中学校卒業者」として自覚して、卒業証書を、大事に保管できたか。調査によって、表に出た数字以外にも潜在化し続けているものがあるといえます。

（4）「入学希望既卒者」の問題です。「様々な事情からほとんど学校に通えず、実質的に十分な教育を受けられないまま学校の配慮等により中学校を卒業した者のうち、改めて中学校で学び直すことを希望する者」（文科省通知抜粋）、また「形式卒業者」の中で、学びなおしのためにもう一度中学校への入学を希望している人に対しての取扱いの問題です。これには、すでに、二〇一五（平成二十七）年に、文科省から各自治体の教育委員会に対して、「可能な限り受入れに取り組まれるようお願いします」という通知が出されています。その通知名は「義務教育修了者が中学校夜間学級への再入学を希望した場合の対応に関する考え方について」です。

（5）「夜間中学の設置・充実に向けた取組の一層の推進について（依頼）」令和3年2月16日付、文部科学省初等中等局長名、各都道府県教育委員会教育長・各指定都市教育委員会教育長宛。事務連絡「夜間中学の設置・充実に向けた取組の一層の推進について（依頼）」令和4年6月1日付、文部科学省初等中等局・初等中等教育企画課教育制度改革室名、各都道府県教育委員会夜間中学担当課・各指定都市教育委員会夜間中学担当課宛。など。

第4話　夜間中学等に関する実態調査（令和四年度）

1　実態調査の目的

二〇二二（令和四）年五月一日を調査時点とした、文科省による「夜間中学等に関する実態調査」の結果が公表されています。調査の目的は、教育機会確保法施行後の夜間中学の実態を調べるためです(1)。

調査項目は、「調査Ⅰ」「調査Ⅱ」「調査Ⅲ」と三つに分類され、「調査Ⅰ」では、都道府県の教育委員会（四十七）と指定都市の教育委員会（二十）を、「調査Ⅱ」では、夜間中学を設置している県・市区教育委員会（三十四）を、「調査Ⅲ」では、夜間中学（四十）を調査対象にしています。主には、次のような調査事項です。

（1）調査Ⅰ都道府県・指定都市教育委員会調査
①教育機会確保法第十四条に基づき講じた措置
②自主夜間中学や識字講座等への支援状況
③特別支援学校における義務教育未修了者の受入れ状況等
（2）調査Ⅱ夜間中学設置県・市区教育委員会調査

①夜間中学への支援状況等

（3）調査Ⅲ夜間中学調査

①入学要件

②教職員数

③学年・学校・属性・年齢・国籍別生徒数

④夜間中学入学理由

⑤夜間中学における教育課程特例の導入状況等

本調査では、「夜間中学」を、あらためて定義して、「義務教育を受ける機会を実質的に保障するための様々な役割が期待されている」と位置づけています(2)。

2　調査結果からのピックアップ

本調査は、公立夜間中学に関する最新の情報です。その中から、本書の主旨に関連しそうなものを、ピックアップしてみます。なお、ここでは、文科省が通例としている「夜間中学」という表記を用います。

（1）調査Ⅰ

全国の都道府県・指定都市教育委員会への問いです。

まず、各団体の「夜間中学に対しての向き合い方」が問われています。「設置しているのか」「設置に向けて検討しているか」「ニーズ調査は行っているか」などです。「設置済」は二十団体（二十九・九％）で、「新設に向けた検討・準備」が十八団体（二十六・九％）というような結果です。

また、「自主夜間中学」に関する質問があることが注目点です。「把握している域内の自主夜間中学や識字講座等の数」という質問項目があります。ここでは、四十三団体が「把握している」としています。その数は、合計で五九〇（内訳：自主夜間中学四十七、識字講座等五四三）です。

さらに、その四十三団体に対して、「いわゆる自主夜間中学等での学習活動の支援」（支援を行っているか）を問うています。結果は、「運営に係る補助金の交付や、委託事業を実施している」が九団体（二十・九％）、「実施場所を提供している」が七団体（十六・三％）、「指導者を派遣している」が三団体（七・〇％）、教材を提供している二団体（四・七％）、そして「特に何の支援も行っていない」が、二十四団体（五十五・八％）、その他が、九団体（二十・九％）でした。

ただし、これは「自主夜間中学」と「識字講座等」を、ひとつにまとめて問うています。

「自主夜間中学」に特定した支援状況としては、つかめていません。この自主夜間中学校については、第三部と第四部で、詳しく述べていきます。

（2）調査Ⅱ

「夜間中学を設置している三十四県・市区教育委員会」に対してのものです。

夜間中学への支援状況として「経済的支援」や「給食費」について質問しています。どこも、「学齢生徒と同様」または「別の認定要件」はありつつも「就学援助に類する経済的支援」は行っています。

ちなみに「給食を実施」と回答ものが二十団体ありました。そのうち、「無償」と「実費徴収」が同じ九団体（四十五％）ずつ、「一部本人負担」が二団体（十％）です。

（3）調査Ⅲ

夜間中学（四十校）に対する質問です。

入学要件では、全ての学校が、「形式卒業者」も入学対象に含めています。ただ、入学希望者が、夜間中学がある市区内や都道府県に「住所」があるか、あるいは「仕事場」があるのかによって一定の条件が設定されています。ちなみに、「住所も仕事場の場所も問わない」は一校（二・五％）です。

「不登校となっている学齢生徒の受入れに向けた検討状況」については、ほとんどの中学が、（不登校の学齢生徒は）受け入れていません。

受け入れているのは、「不登校特例校として受け入れている」二（五・〇%）、「教育支援センター的機能として学齢生徒を事実上受け入れている」一（二・五%）の三校です。

そして、「検討していない」は、三十一（七十七・五%）で、「今後、ニーズを把握しつつ、検討を開始する予定である」が、六校（十五・〇%）でした。

また、本調査時点での生徒数は、男性五七〇名（三十六・六%）、女性九八八名（六十三・四%）、合計一五五八名、一校あたり九名から一二九名で、平均人数三十九・〇名となっています。

そして、一五五八名のうち、一五八名（十・一%）が「義務教育未修了者」、三六一名（二十三・二%）が「入学希望既卒者」、不登校となっている学齢生徒は0、最後に、「日本国籍を有しない者」が最も多い一〇三九名（六十六・七%）です。

年齢別では、十六歳から七十歳以上に広がっており、多い順には、十六歳から十九歳（二十・三%）、二十歳から二十九歳（十七・三%）、四十歳から四十九歳（十四・八%）、七十歳以上（十四・四%）と続きます。

外国籍生徒（一〇三九名）の国籍では、多い順に、中国（三十三・一%）、ネパール（二十二・四%）、韓国・朝鮮（十一・六%）、フィリピン（十・九%）と続きます。

そして、二〇二一（令和三）年度に、夜間中学を卒業した人の約半数（四十八・九％）が、高校進学を果たしています。

注

（1）調査の目的は、教育機会確保法（二〇一六（平成二十八）年十二月）の公布・施行を受けて、法に定める内容に関して、各地方公共団体の対応状況や夜間中学の実態等はどうなっているのかを調査する。そして、「新たな夜間中学の設置促進及び既存の夜間中学の提供拡充等のための施策の検討に資する」となっています。

（2）夜間中学の定義。・戦後の混乱期の中で、生活困窮などの理由から昼間に就労または家事手伝い等を余儀なくされた学齢生徒が多くいたことから、それらの生徒に義務教育の機会を提供することを目的として、昭和二十年代初頭に設けられたもの。・現在では、義務教育未修了の学齢経過者や、不登校など様々な事情により十分な教育を受けられないまま中学校を卒業した者、本国や我が国において十分に義務教育を受けられなかった外国籍の者などの、義務教育を受ける機会を実質的に保障するための様々な役割が期待されている。

第三部　自主夜間中学校

第1話　自主夜間中学校の誕生

1　自主夜間中学校とは何か

「自主夜間中学校」とは、主に「公立夜間中学校」がない地域で始まった、ボランティア的な団体による学習・教育活動です。「公立夜間中学校」が、学校教育法に基づいて、義務教育制度の中に位置づけられているのに対して、「自主夜間中学校」は、このような制度とは全く無関係の、地域ごとの有志によるいわば「ボランティア活動」であり「市民活動」です(1)。

公立夜間中学校は、今日まで、昼間の学校で十分に学べなかった人たちを、支え続けてきました。しかし、未だ都道府県レベルにおいても、一校も存在しないところがあります。そこに誕生したのが、「自主夜間中学校」です。こうして、自主夜間中学校は、主に公立夜間中学校が設置されていない地域で始まっています。

それは、各地域の実情にそって、様々なスタイルで運営されています。共通しているのは、授業料が無料（または低額）で、学習者（生徒）もスタッフも自由意思での参加というところです。

生徒もスタッフも、どちらも参加しやすいように、「夜間」が、主な活動時間帯となっています。ボランティアによる活動ですが、「義務教育程度の教育の機会を提供する」ことを目標としています。現在、この活動が、非常に注目されつつあります。

2 「奈良に夜間中学をつくる会」の創設

自主夜間中学校の始まりは、一九七六（昭和五十一）年九月にできた「私設奈良夜間中学校」（通称、うどん学校）といわれています。

当時、奈良県の隣の大阪府には、公立夜間中学校が設置されていました。ここに、（県境を越えて）奈良県の人も通っていました。大阪府に住んでいなくても（大阪府に）「在勤」であれば、つまり仕事場があれば、入学する資格があったのです。これが変更されます。大阪府教育委員会は、一九七六（昭和五十一）年度より、入学資格を大阪府の「在住者のみ」に変更するとしたのです。これが発表されたのは、変更実施年の前年の一九七五（昭和五十）年十一月です。

このときの大阪府内の夜間中学校の生徒数は、一三五四名でした。この内、三校について、奈良県から計十二名が通っており、さらに一九七六（昭和五十一）年度の新規入学希望者が二名いました。この大阪府の決定により、奈良県の人は、通える夜間中学校を失いました。

これに心を痛めたのは、大阪の夜間中学校の先生たちでした。こうして「奈良県にも夜間中学校を」という声が高まります。奈良県の人を受け入れていた（大阪の）校長先生が、奈良県や奈良市に、夜間中学の開設を求めて陳情したという新聞報道もありました。

この声の高まりに対して、賛同者が集まります。そして、一九七六（昭和五十一）年三月に、「夜間中学をつくる会」（以下、つくる会）が設立されます。このときの設立発起人の数はなんと九十名。ここには、様々な立場の人たちが集まりました。

「つくる会」の運動方針は三つ。①奈良県内の義務教育未修了者を発掘する、②一九七七（昭和五十二）年度をめどに、公立の夜間中学を開設するよう奈良県、奈良市の両教育委員会に要望書を出す。そして、③公立化が実現するまで自主夜間中学校を開設する、でした。

3　「私設奈良夜間中学校」の開設

運動が広まったことで、奈良県にも、夜間中学校での教育を求める人たちが、多く存在することが分かってきました。「つくる会」は、「もし一人でも希望者があれば、私設夜間中学を設け、正式の夜間中学開校まで続ける」として、市民の協力も得ながら、自主夜間中学校を開設する準備を進めました。そのときに、校舎・教室の貸与を申し出てくれたのが、私学を運営する一つの学校法人でした(2)。

一九七六（昭和五十一）年八月には、奈良市教育委員会から、小・中学校全教科の見本教科書を借り受け、前年度に余った教材「奈良の歴史」も寄贈してもらっています。

ボランティアとしての先生が十四人、事務局員六人の体制を組み、開設に向けての準備が進みました。

一九七六（昭和五十一）年九月七日の入学式には、二十六歳から五十一歳までの十二名人の生徒が出席しました。

授業は、月曜日、火曜日、木曜日、金曜日の週四回。教科は国語と算数が中心。こうして、自主夜間中学校「私設奈良夜間中学校」（通称、うどん学校）は、私立高等学校の中に発足しました(3)。

ときをほぼ同じくして、同年十月に、神奈川県川崎市でも自主夜間中学校が開設され、その六年後の一九八二（昭和五十七）年には、公立の川崎市西中学校夜間学級が誕生しています。

こうして自主夜間中学校は、その後も夜間中学校がない地域を中心に、全国的に広がっていきました。

一九七五年から十年間（昭和五十年代）の自主夜間中学校には、ひとつの特徴がありました。まず「公立の夜間中学校の設置を求める運動」を行う団体が立ち上がります。それが同時に、「自主夜間中学校も運営する」という形です。

しかし、その後は、その形に限らない、様々な自主夜間中学校が全国に広がっていきます。

小括します。公立の夜間中学校だけでは足りない教育ニーズの存在の中で、ボランティア活動・市民活動としての自主夜間中学校が生まれてきます。第一号は、奈良県です。法制度には基づかないので、細々としたものではあります。しかし、それは、全国に広がっていきました。

最初は、公立夜間中学校の設置を求める運動とも連動していました。しかし、その後は、様々なスタイルのものができていきます。

注

（1）自主夜間中学校は、市民が主体となったものです。社会的課題に対して、非営利的（経済的な利益を目的とせず）に、公益的な（社会全体のための）活動を継続的に行う民間団体として存在しています。このことから、本書では、これを「市民活動」ととらえます。

（2）学校法人正強学園。現在は、奈良大学・附属高等学校・附属幼稚園を運営する学校法人です。

（3）この「うどん学校」の呼び名は、「借りた校舎の1階に食堂があって、経営者のお気持ちで、そこでは儲けなしの原価で生徒たちにうどんが提供された」ことから定着したとも伝わっています。

第2話　自主夜間中学校の現状

1　実態調査

自主夜間中学校は、全国各地域で、自然発生的に生まれた、ボランティアによる「市民活動」です。そのため全国的な活動実態が分かるような、公式かつ定期的な調査資料は、見当たりません(1)。

しかし、このテーマを研究する大学の先生が行った調査があります。これを概観していきます。

この実態調査（以下、調査）は、二〇二一（令和三）年九月から十二月にかけて行われた、ごく最近のもので、とても貴重な資料です(2)。

まず調査対象として、三十七団体を選んでいます(3)。調査の視点は、①運営体制、②学習者、③学習内容、④スタッフの四つです(4)。

北海道から沖縄までの全体（三十七団体）の内、二十七団体から回答がありました。回収率は、七十三・〇%です(5)。

以下、調査結果を概観していきます。なお、数値に対するコメントは、基本的に私の私見です。

2　自主夜間中学校のタイプ別分類

回答があった二十七団体は、タイプ別に四つに分類されました。分類の視点は、「運動的性格」の有無や「（公立）夜間中学校」との関係です(6)。

第一のタイプは、（公立）夜間中学校の設置を求める「運動体」から始まったものです。その運動の一環として、同時に自主夜間中学校も始めたという経緯です。（奈良県・埼玉県・千葉県・福島県）第一号の奈良県の「うどん学校」もそのひとつです。

第二のタイプは、設置・増設運動は行わず、教育・学習活動に専念しているところです。（宮城県・千葉県）

第三のタイプは、教育・学習活動を進める中で、「行政との交渉を強めていく必要性」を感じて、「運動型」へと発展したものです。（北海道）

最後の第四のタイプは、「運動体」から始まり、後に運動をやめて「行政との協働事業化」へと方針転換を図ったものです。（福岡県）

これらの団体の活動時期は、一九七〇（昭和四十五）年代後半から二〇〇〇（平成十二）年代に至るまで幅広く、地域性はもとより時代背景も異なります。誕生した経緯やその後の展開も様々です。

3　全体の学習者（生徒）数と年齢層

以下は、表「学習者（生徒）とスタッフの年齢別状況（人数と割合）」を参照としながらみていってください。

学習者の人数は、各団体の合計で五八一名、一団体当たりの平均人数で二十一・五名です。少ないところでは一名、最も多くて六十五名です。

年代では、最も多いのが、十歳代で約十九％を占めます。二番目が七十歳代で約十七％です。さらに、七十歳以上となると、約二十五％となります。実に、学習者の約四分の一が、七十歳以上の人たちです。この方々は、まさに、戦後学び損ねた人たちかも知れません。

また、「十歳代（約十九％）」と、その対極にある「七〇歳以上（約二十五％）」を合わせる

表　学習者（生徒）とスタッフの年齢別状況（人数と割合）

年代（歳代）	学習者		スタッフ	
	人数	割合	人数	割合
10	112	19.3%	8	1.6%
20	44	7.6%	42	8.4%
30	81	13.9%	24	4.8%
40	71	12.2%	45	9.0%
50	66	11.4%	51	10.2%
60	65	11.2%	169	33.7%
70	101	17.4%	141	28.1%
80	41	7.1%	22	4.4%
合計	581	100.0%	502	100.0%

と、約四十四%となります。

4　団体ごとの学習者（生徒）の年齢

学習者の中に、十歳代の（若い）人がいる団体は、約七割です(7)。「十歳代の人が最も多い」というのも六団体ありました。その占める割合は、高い順に、約九割、約六割、約四割と続きます(8)。一方、全体の九割の学習者が、六十歳代以上というところもありました(9)。

5　全体のスタッフ人数

スタッフの人数は、合計で五〇二名。最少（の団体）で一名、最多（の団体）で七十九名です。

六十歳代が最も多く、一六九名で、全体の約三分の一（三十三・七%）を占めます。これに七十歳代と八十歳代を加えると、（要するに六十歳以上の占める割合は）約七割です。

6　学習者（生徒）数とスタッフ数の比率

分母（スタッフ）、分子（学習者）でみます。スタッフ一人当たりに対する学習者の人数です。

まず単純に、どちらの人数が多いのか。これを団体別にみると、「学習者数」が「スタッフ数」を超えていたのが一五団体。逆に、超えていなかったが十二団体。大きな差はありませんが、僅かに「学習者数の方が多い」という団体が「多い」という結果です。

しかし、「学習者数」が「スタッフ数」の約五・五倍という団体もあります。少ないスタッフ数で、運営しているということです。また、同じくそれが二倍を超えている団体も三つあります(10)。

7　学習者（生徒）の国籍

国籍については、二十四団体からの回答がありました。ざっくりいうと、約六十六％が日本国籍者で、残りの約三十四％が外国籍者です(11)。

また、「外国籍の人の方が多い（過半数）」団体が、（二十四団体中）五つ。その五団体の内容をみると、（外国籍者の）占める割合が高い順に、約九十七％、約九十六％、約九十三

%、約八十九%、約七十九%です(12)。

この五つの団体の外国籍者数だけで、全体団体の約七割(六七・四%)を占めています。一方で、学習者全員が日本人の団体も五つあります。


以上、学習者とスタッフの状況を概観してきました。

この調査の調査者は、「対象団体も異なるために、単純には比較できない」としながらも、個別に行われた過去の調査と比較すると、「学習者の若年化」「外国人学習者の増加」「スタッフの高齢化」の傾向が確認されると指摘しています。

8 授業料

回答があった内の約七割の団体が、授業料(一部の団体では「教材費」という名称)を取っていません。残りの三割の団体の徴収額も低額です(13)。

スタッフに交通費を支給している団体は六つありますが、報酬を払っているところはありません。

9　学習形式

学習形式では複数回答でした。個別学習（マンツーマン）で行っているところが二十四団体、グループ学習が八団体、全体講義形式が一団体です。「個別学習形式のみ」が十二団体あります。全体として、「個別学習」形式の多い点が特徴です。

注

（1）文科省が、二〇一四（平成二十六）年五月に、初めて中学校夜間学級に関する実態調査を行っており、その中の一部に、「自主夜間中学・自主夜間学級と称している十九団体」への調査も含まれていたようです。また、二〇一八年三月には、調査会社が国から委託されて行った調査があります。ただし、これも公立夜間中学校の調査の一部として、自主夜間中学校が入っているものです。

この他、民間レベルで行われた「自主夜間中学校に関する実態調査」はあります。このテーマを研究する大学の先生たちが行った調査です。私が知る限りでは、二〇〇七（平成十九）年、二〇一一（平成二十三）年に行われています。

（2）田巻松雄（二〇二二）「自主夜間中学の今日的意義と課題に関する予備的考察」『基礎教育保障学研究』六に発表されています。この中に、過去行われた調査についいても触れられています。

（3）「二〇二〇年度第六十六回全国夜間中学校研究大会発表資料」（二〇二一年）に掲載されている関係諸グループ一覧（二〇二〇年十二月）などを参考にして独自に選定しています。

（4）調査項目ごとの質問数は、運営体制（八問）、学習者（四問）、学習内容（四問）、スタッフ（七問）で合計二十三問です。

（5）都道府県別分布は、北海道（四）、宮城県（一）、福島県（二）、埼玉県（一）、東京都（一）、千葉県（三）、神奈川県（三）、静岡県（一）、愛知県（二）、奈良県（二）、大阪府（一）、兵庫県（一）、和歌山県（一）、福岡県（三）、沖縄県（一）で、北海道から沖縄まで全国に広がっています。この数は一部を除き、二〇二一（令和三）年九月一日現在のものとされています。

（6）本書では取り扱う「運動」とは、「社会運動」という意味です。社会に起きている問題に対して、その解決や改善を目指す動きです。当事者たちが、社会全体や政治などに対して、働きかけていきます。

（7）具体的には、二十七団体中十八団体（六十六・七％）です。

（8）十歳代の学習者が占める割合は、高い順に、八十七・一％（学習者総数三一名中、十歳代学習者が二十七名）、六十・〇％（五名中三名）、五十五・六％（五十四名中三十名)、四十三・八%(十六名中七名)、四十二・九%(十四名中六名)でした。
(9)具体的には、学習者十八名の内、十六名が六十歳代以上(八十八・九%)という団体です。
(10)調査では、スタッフの役割別の内訳はありません。つまり、ここでの「スタッフ数」は、全てが「講師スタッフ」を示しているというわけではない思われます。いずれにしても、「個別指導方式」のみでは、とても困難なところがあります。
(11)五五二名の内、日本国籍者が、三六二名(六十五・六%)、外国籍者が、一九〇名(三十四・四%)です。約三分の一の人が、外国籍の人たちです。
(12)高い順に、①九十六・七七%(学習者総数三〇名中外国籍学習者二十九名)、②九十六・三三%(五十四名中五十二名)、③九十三・三三%(三〇名中二八名)、④八十八・九%(九名中八名)、⑤七十八・六%(十四名中十一名)です。
(13)徴収している団体では、一回五百円、一月五百円(月に四回開講)、一年千円、年間四万円(一回当たりに換算すると千円)など多様です。自主夜間活動の学習内容、幅広い学習者層等への対応等を鑑み、また、既存の民間の教育資源(予備校・学習塾など)を比較対象として、本書では、これを「低額」と位置づけました。

第3話　行政からの支援

1　開講回数と行政支援の関係

前話に続いて、自主夜間中学校の実態調査についてです。

自主夜間中学校の、一か月当たりの開講回数は、二回、四回、六回、八回以上などです。開講回数が比較的多い団体と、少ない団体があります。多いところは、それは一体、どのようにしてそれが実現しているのか、あるいは、何によって支えられているのか。自主夜間中学校の今後のあり方を考える上でも、それを探っていくことは、大変意義があります。

回答があった二十七団体のうち、開講回数が月に六回を超えていたのは十一団体（NPO法人は除く）でした。仮に、ここで一月当たり「六回超」の団体のみでみていきます。結果として、その十一団体のうち十団体は、「会場と資金」の両面、あるいはどちらかで、行政からの支援を受けていました。

行政からの支援を受けている団体の中に、「全ての平日」で開講している団体が、一つ（A団体）ありました。そこは中学校の教室を無料で借り、活動資金もすべて補助金で賄っていました。

そして、「平日の三日」ほど開講している団体が一つ（B団体）ありました。そこは二か所（小学校教室と市図書館）の施設を無料で借りています。また、団体の実際の「年間活動資金額」に照らしても、十分な補助金を得ていました。

この二つの団体（AとB）の補助金は、年間一〇〇万円（一五〇万円と二五〇万円）を超えていました。

A団体とB団体以外で、会場・資金の両面での支援を受けていたのは、五団体（C・D・E・F・G）ありました。このうち三団体（C・D・E）は、学校や公共施設を無料で借りています（学校一、公共施設二）。

他の一団体（F）は、週二回の活動の内、一会場を無料で借りています。もう一団体（G）は、会場使用料についての減免措置はありません。しかし、優先予約の配慮を受けていました。

他の三団体（H・I・J）の内、一団体（H）は、補助金を受けています。他の二団体（I・J）は補助金を受けていません。その内の一団体（I）は、一会場を無料で借用し、もう一団体（J）は、二つの会場を無料で借りています。

整理するとこうです。

①A団体：全ての平日で開講（平日は毎日）。会場は、中学校の教室を無料借用。補助金

は、年間一〇〇万円超。
②B団体：週三日（平日）開講。会場は、小学校の教室や市の図書館を無料で借用。補助金は、年間一〇〇万円超。
③C団体：学校や公共施設を無料で借用。補助金あり。
④D団体：学校や公共施設を無料で借用。補助金あり。
⑤E団体：学校や公共施設を無料で借用。補助金あり。
⑥F団体：週二回の活動の内、一会場を無料で借用。補助金あり。
⑦G団体：会場使用料の減免はなく優先予約の配慮。補助金あり。
⑧H団体：補助金あり。
⑨I団体：一会場を無料で借用。補助金はなし。
⑩J団体：二会場を無料で借用。補助金はなし。

補助金が無い場合でも、会場だけは「無料」で借りることができている団体が目立ちます。

ちなみにI団体は、比較的新しく、二〇一九（令和一）年十月に開設しています。学習者三名、スタッフ八名で、予算規模も三万円以下の小規模な団体です。しかし、開設当初から、教育委員会からの協力が得られ、公立小学校内に設置された地域開放施設を使用しています。

2 「一般型」行政支援

調査では、その結果として、「自主夜間中学校に対する行政からの支援」には、大きく二つのタイプがあるとしています。

ひとつは、一般的な枠組みの中での支援（一般型）です。もうひとつは、自主夜間中学校への支援そのものを目的とする特定の支援（特定型）です。

前者が、「自主夜間中学校に限らず、他の活動にも行われている支援」のタイプ。後者が、「自主夜間中学校のための支援」のタイプかと思われます。

結果として、「一般型」「特定型」と、それぞれ五団体ずつが支援を受けていました。「一般型」は条件が厳しく、資金額は、活動経費の一部に留まります。また、「期間限定」が多く、運営を安定的に支えるものとはなっていません。

ある自治体の例です。「地域のまちづくりを推進し、市民が行う自由な市民公益活動や生涯学習活動を行う団体の運営や事業を支援する」として、「公募補助金制度」を設けています。しかし、交付期間は三年以内です。補助対象経費の一割から五割の範囲で補助する仕組みです。

また、別の自治体の例です。「市民活動推進補助金」として、十万円から三十万円の補助金を支給しています。しかし、期間は最大で六年間です。

三つ目の自治体の例です。地域有志から寄付金を募ってつくった基金から補助金を配分します。しかし、元手が寄附金頼みですから不安定です。

このように、「一般型行政支援」は、様々な面で限定的です。「期間制限で補助金が終わる」「基金が底をついて補助金が止まる」「補助金が活動資金の最大でも五割までしか出ない」などです。

次に、もうひとつの「特定型行政支援」についてです。これは、自主夜間中学校のための支援です。調査では、二つの団体の事例を紹介しています。これについては、次話で述べていきます。

第4話　「特定型行政支援」のモデル

1　「一般型」が主流な中での「特定型行政支援」

本話では、引き続き、二〇二一（令和三）年に行われた「実態調査」の結果をもとに、整理していきます。

前話では、自主夜間中学校の「開講回数」と「行政支援」との間には、調査結果として、有意な関係が示されたことを紹介しました。会場が、無償で提供されることは、資金のない市民活動を支えていました。自主夜間中学校の運営は、基本的には、ボランティアによる〝手弁当〟です。そこに、多少なりとも「公益性」⑴が認められ、補助金等が得られると、活動は元気づけられます。

しかし、調査によると、行政支援は「一般型」が主流でした。自主夜間中学校の活動は、「一般の中の一つに過ぎない」という位置づけです。「一般型」には、多くの制約があり、長く安定した運営にはつながりません。

本話では、これとは別の「特定型行政支援」について述べていきます。調査では、この「特定型」的な支援を受けている二つの団体を紹介しています。福岡県と奈良県にあるこの二つの団体では、これにより、長期間にわたり、比較的安定した運営が実現しています。

2　福岡県北九州市の事例―「城南中学校」夜間学級

城南中学校「夜間学級」（以下、城南）は北九州市にあります。市との協働事業でこれを運営しており、関係者はこれを「北九州方式」と呼んでいます。

調査時点での年間補助金額は二五〇〇万円。加えて、市立の小中学校の教室を借用しています。また、退職した教師らがボランティアとして関わっています。結果的に、会場と資金について、北九州市が全面的に支援している形となっています。

一九九四（平成六）年に、北九州市八幡の穴生（あのお）というところで、在日一世のための、日本語教室「青春学校」が始まりました。その後、その「穴生」の活動に関わった人たちが動き、「中学校卒業認定試験に向けての受験勉強を支援する活動」へと広がります。そして、一九九八（平成十）年五月に、同じ市内小倉に「よみかき教室・城野」が立ち上がりました。いずれも公民館での、週一日の活動からスタートしています。

同時に「北九州・在日朝鮮人教育を考える会」が主体となって、北九州にも夜間中学校をつくろうという話に進みます。そして、同じ年の十月に「北九州市に夜間中学校を実現させる会」が立ち上がります（後の「北九州市に夜間中学をつくる会」）。この「つくる会」は、この二団体を運営しながら、市に対して、夜間中学校の公立化を要望していきました。

市は、「公立化は財政的にも物理的に負担が大きく難しい」という立場を堅持し続けました。しかし、市は「つくる会」からの「中学校の教室を使わせてほしい」という要望を受けて、城南・穴生中学校の教室の月一回の使用を認めます。これが二〇〇二（平成十四）年五月です。

こうして「つくる会」が行う教育・学習活動は、中学校と公民館という場所を得て、片や週二回、片や週三回と学習日が増えていきました。

次に、市からの新しい提案がありました。「五年間のテスト期間」として、市がこの活動に対して、「教室の貸与」と「補助金の交付」を行っていくという内容のものです。これが、二〇〇五（平成十七）年度からスタート。ここに「開講週五日体制」ができあがります。

五年間のテスト期間が終わりました。市から、「公立化は難しいが、自主夜間中学校の活動が続く限り補助を継続する。今後の補助金の増額も可能」という新しい提案がありました。「つくる会」は、この提案を受け、二〇一一（平成二十三）年に解散します。「つくる会」では、その後は、自主夜間中学校の活動の充実に力を注ぐことにしました。

「つくる会」のこの判断には理由がありました。「城南」の学習者の多くが高齢化していました。公立化に時間をかけるよりは、自主夜間中学校としての活動を充実させ、継続を図る方が、現実的ではないか。また、公立化すれば三年で卒業。学び続けたい人の思いに応えられなくなるというものでした。「公立化」が唯一のゴールではなく、もうひとつの市民運動の成果の形がここにありました。

北九州市としては、公立の学校を新たにつくるのは難しいが、自主夜間中学校の「公益性」を認め、長期的に公費を投じることにしたのです。社会に求められている、誰かがやらなければならない「公益的な市民活動」。これを市民が、手弁当でやり続けることに対して、行政が「見て見ないふりはしない」ということでした。私は、そう理解します。

その後、全国的にも情勢が変わっていきます。「教育機会確保法」が成立。北九州市は、二〇二一年にニーズ調査を行い、公立夜間中学校設置に向けた検討を始めました。しかし、自主夜間中学校の独自な必要性を認め、その円滑な運営のために、引き続き支援を継続するとしています。

3　奈良県の事例—西和自主夜間中学

現在、奈良県には、公立夜間中学校が三校（奈良市・天理市・橿原《かしはら》市）、自主夜間中学校が三校（大淀《おおよど》町・王寺《おうじ》町・宇陀《うだ》市）あります(2)。

前者の公立夜間中学校は、全て、自主夜間中学校の公立化を求める運動の展開の結果、誕生したものです。（第三部の第1話参照）そして、後者の三つの自主夜間中学校は、「公立夜間中学校未設置地域」にありますが、授業料は全て無料で、公共の施設を借りています。

奈良県の大きな特徴は、「奈良県夜間中学連絡協議会」という団体の存在です。これは、先に挙げた六つの夜間中学校（公立三校・自主三校）と、これらの充実を目指す六つの運動団体で構成されています(3)。この団体が、研修会の開催他、教育委員会との交渉など、夜間中学校充実のための様々な活動を展開しています。

「西和《せいわ》自主夜間中学」（王寺町）は、一九九八（平成十）年五月に、「西和に夜間中学をつくり育てる会」によって開設されました。

当時、奈良県西和地域の斑鳩《いかるが》町には、最大手の人材派遣会社がありました。そして、ここに、南米系日系人を中心に、約三〇〇人の外国人労働者が雇用されていました。

「つくる会」の立ち上げに関わったメンバーの回想によると、その人たちの生活支援に関わる中で、外国人労働者とその家族に対する、日本語の学習支援を行う必要性を、強く感じるようになったということです。その状況下で、「奈良県夜間中学連絡協議会」の後押しを受けて、西和自主夜間中学が誕生します。

スタッフの募集でも「奈良県夜間中学連絡協議会」の支援がありました。会場の確保は、交通の要所である王寺町近辺となります。人材派遣会社自体は、斑鳩町にあります。しかし、実際には、広域からの参加者があることが想定できました。斑鳩町長が、王寺町長へ相談を持ちかけ、王寺町長と議会の理解のもとで、王寺町の公民館が無料貸与されることになります。

奈良県には、行政広域圏として「王寺周辺広域市町村圏協議会」(4)が、ありますが、ここが毎年十万円を補助することも決まります。

本実態調査の結果が報告されている論文では、「学習者のほとんどが外国籍者で占める中で(5)、日本語学習と中学校教科の教科学習が、個別学習(マンツーマン)形式で行われている」と指摘しています。

当時の地方新聞記事には、ブラジルから来日した女性が、「子どもの保育園の書類を書くためにも、字を覚えなければならない」と入学してきたことが紹介されています。また、開校の催しに、斑鳩町長、王寺町助役まで出席したとあります。

自主夜間中学校は、あくまでも任意のものです。それにおいても、これほどまでの行政からの理解と支援があることに驚きます。

注

(1) 自分のため(私益)でも、自分たち(メンバー)のため(共益)でもない「社会(市民)のため」という意味を持ちます。そこにニーズがあり(社会に求められている)、活動による利益を求めないという性格が備わったものです。

（2）公立夜間中学校が、奈良市（一九七八年設置）、天理市（一九八一年設置）、橿原市（一九九一年設置）。自主夜間中学が、大淀町（吉野自主夜間中学・一九九六年開設）、王寺町（西和自主夜間中学・一九九八年開設）、宇陀市（宇陀自主夜間中学・二〇〇二年開設）にあります。奈良県のホームページ（奈良県教育委員会）にて、この六校が総合的にまとめられた一枚のチラシが確認できます。

（3）本調査結果の中に、「奈良県夜間中学連絡協議会」の詳細は述べられていませんが、結成が、１９９１（平成三）年結成であり、かなり先駆的なものであるといえます。

（4）西和七町（平群、三郷、斑鳩、安堵、上牧、王寺、河合）でつくる法定協議会ですが、二〇二一（令和三）年三月で廃止されました。以降は、七町の教育委員会が、それぞれ一万四千円を補助することが決まっています。

（5）学習者三十名のうち二十九名が外国籍者。年齢別内訳は、十歳代六名（学齢児童生徒）、二十歳代二名、三十歳代十九名、四十歳代三名とあります。

第四部　山口県の自主夜間中学校

第1話　県内第一号の自主夜間中学校

1　発起人は元教員とパラアスリート

私の住む山口県には、「（公立）夜間中学校」はありません。しかし、二つの自主夜間中学校（以下、「自主夜間中」とも表現）があります。

山口県で初の自主夜間中は、二〇二二（令和四）年四月に、防府市で開校しました。代表は池田新《あらた》さん、副代表は八木明歩《あきほ》さんです。防府市は、山口県中央部の瀬戸内海沿いに位置します。

池田さんは、もともとは中高一貫教育の私立学校の教員でした。八木さんはその教え子で、現在、車いす陸上のパラアスリートでもあります。

開校のきっかけは、二人がテレビのニュース番組を通じて、岡山県の自主夜間中（一般社団法人「岡山に夜間中学校をつくる会」）を知ったことからでした。二〇二一（令和三）年二月放映の「特集番組」です。それは、二人にとっては衝撃的なものでした。

池田さんも長い教員生活の中で、何人もの不登校の生徒に、向き合ってきました。また、池田さん自身も、親として息子さんの不登校を経験しています。

この放映で、これまで知らなかった新たな「学びの場」の存在を知ることになります。「山口県にないのなら、自分がやるしかない、やりたい！」という衝動にかられました。そして、そのとき、たまたま一緒にテレビを見ていた八木さんとともに、その立ち上げを決意することになります。

池田さんは、教員になる前に、児童福祉施設での指導員や聾学校、養護学校（現在、総合支援学校）での特別支援教育の現場経験がありました。池田さんは、教員として、また親としての様々な経験が、この自主夜間中学に活かせるのではないかと考えます。

副代表の八木さんは、高校三年生の頃、原因不明の体調不良に見舞われました。そのときの担任が池田さんです。八木さんは、大学入学直後に、自分が進行性の脳の病気だということを知ります。両足と左手に麻痺をかかえ、やがて車いすでの生活となりました。

八木さんにとって、高校卒業後も池田さんは良き相談相手でした。八木さんが、車いす陸上を始めたのも池田さんとの関りの中からです。池田さんは、教員時代は、陸上部の顧問もしていました。

その後、池田さんは二〇二〇（令和二）年三月に、十六年間の教員生活に別れを告げ、大学生活を終え帰郷した八木さんの専属コーチとなります。池田さんが四十五歳のときです。今は、二人三脚で、二〇二四（令和六）年のパリ・パラリンピックを目指しています。

番組を見た二人は、早速、「岡山に夜間中学校をつくる会」を訪ねます。山口県で開校する三か月前の話です。そして、代表の城之内庸仁《しろのうちのぶひと》さん他、スタッフの皆さんから惜しみない運営ノウハウの提供を受けます。

また池田さんは、教員退職後も、自身のSNSを通じて、全国の不登校の児童・生徒、保護者に向けての情報配信をしていました。「担任の池田」としてホームルーム動画、ブログ、八木さんの競技活動などです。そのSNSが、自主夜間中開校の際の大きな情報発信のツールとなり、生徒やスタッフ募集にも役立ちました。

2　山口自主夜間中学校の運営

山口自主夜間中学校の理念は、「様々な理由により義務教育が未就学となった方や形式卒業者、現在不登校や過去に不登校であった児童・生徒、日本で生活をする外国籍の方など、学びを必要としている人に対して、学びの権利を保障する場の提供」です。「学びなおしはいつからでも始められる」と、広く呼びかけています。

二〇二三（令和五）年五月現在、登録生徒数は二十八名です。ボランティアスタッフ数は約四十名の登録があり、一日平均では十五名程度が参加しています。授業は、月二回（土曜日）の午後六時から午後八時三十五分までで、一回四十五分の三時限制です。会場は、JR防府駅前の市民活動支援センターで、授業料は無料です。

生徒の世代は幅広く、小学生から七十歳代までで、内訳は、小学生が三名、中学生が九名、それ以外の十歳代が四名と、ここまでで過半数の十六名（約六割）を占めます。そして、二十歳代が三名、三十歳代から五十歳代が三名で、六十歳代が二名、七十歳代が四名と、成人で約四割となっています。

十六歳以上から二十歳代の人は、多くが不登校経験者です。そして、高年齢の人は、〝学びなおし〟を望んでの参加です。

開校初日は、中学三年生から七十歳代までの男女合計四名が参加しました。その後、メディアに取り上げられることにより、また口コミなどで、回を重ねるごとに、その数は増えていきました。

スタッフも現役の中高生から六十歳代までと幅広いのが特徴です。社会人スタッフには、一般会社員から現役の教員、定年退職後教員、医療・福祉関係者などもいます。毎回、市外から片道一時間近くかけて参加してくれる人もいます。

スタッフは、「事務方」（事務スタッフ）と「教える方」（講師スタッフ）で役割分担をしています。事務スタッフは、運営事務全般の他、学校内での行事、公開講演会などのイベントの企画を行います。

授業は、基本的に個別学習（マンツーマン）です。生徒と講師スタッフの毎回の組合せを考えるのは八木さんです。

中学二年の男子生徒が、二十歳の男性に教えることもあります。マッチングは、その日の出席状況や科目によっても変わりますが、八木さんは、出来るだけ〝互いの相性〟を推し量りながら決めていきます。それを優先する結果、ときに講師スタッフには、「得意科目」以外の担当をお願いすることもあります。

3　運営上の課題

山口自主夜間中の一番の悩みは〝財政〟です。収入は、ボランティア会員からいただく年会費の千二〇〇円（月額一〇〇円）と、ときに、賛同者からの寄付もあります。受付には、募金箱を置き、また、一年目は、クラウドファンディングによる資金調達も行いました。

支出は、主には会場費（年間約十二万円）です。一年目は、啓発活動としての、県外から講師を招いての講演会も行いました。活動を充実させようと考えれば、様々な費用がかかります。

日頃の会場使用料が大きな支出です。無償やもっと安く借りることができる会場が、ないわけではありません。しかし、そのような場所は、得てして不便なところにあります。今の会場は、ＪＲ防府駅前で、交通至便の最適な位置です。公共交通機関で通う人もいるので、ここを拠点にしています。

場所がよいと、車の駐車は有料です。これについては、近隣の冠婚葬祭業者のご厚意が得られています。開校の日の夜間帯だけは、会社の駐車場を無償でお借りできています。

会計が苦しくても、授業料は徴収したくないというのが、今の池田さんたちの思いです。収入は、主には、ボランティアスタッフからの会費ですが、これも必ずしも「登録上の人数分」が集まるわけではありません。率直なところ〝赤字体質〟です。今後の大きな課題となっています。

しかし、個々の実情に合わせた学びは、教育の原点への立ち返り。池田さんは、だからこそ、この活動を続けていくのだと語ります。

第2話　生徒とボランティアスタッフ

1　学ぶ生徒の思い

山口自主夜間中に通う生徒さんの紹介です。

（一）僕には目標がある

高校一年の男子生徒です。小学校四年生頃から学校を休みがちとなり、それが中学校三年生まで続きました。中学校の卒業が近づき、「高校へは進みたい。勉強のやり直しをしなければ」との思いから自主夜間中の門を叩きます。

公民や国語を学び、高校の受験対策としては、最後に「作文」に集中。テーマをしぼり、講師スタッフからの繰り返しの添削指導を受けました。

もし入試（作文テーマ）で、「中学時代の思い出は？」とくれば、そっと見に行った中学校の駅伝大会のときのことを書こう。近づけずに、遠くからそっと見ていた自分。それを見つけてくれた担任の先生や同級生。みんなが、「こっち来いよ！」歓迎してくれたこと。

「高校生活の抱負は？」と問われれば、一に「通うこと」、二に「友だちと楽しむこと」、三に「好きな美術の道に進むためのステップとすること」。やり残したことを取り戻したい。

彼にとって、自主夜間中は、勉強だけの場所ではありませんでした。自分の思いを聞いてくれるスタッフ。これからの進路のことも相談にのってくる。なかなか長続きしない自分が、ここでは、こんなに長く続けられた。ここが自分の目標へ向けての第一歩となった。そして春となり、彼は通信制の高校に進むことになりました。通学用の自転車も買ってもらった。これからも夜間中に通い、次のステップを目指したいというが、彼の思いです。

（二）教室入れなかった時間の取り戻し

小学五年生の女の子です。今、もっぱら学んでいるのは算数です。

小学三年生（二年前）時に、急に彼女の様子が変わりました。特定のクラスメートの行動が気になり、よく喧嘩になります。興奮すると手が出るようにもなりました。止めに割って入るのは担任の先生ですが、悪者にされるのはいつも自分、そう思えるのでした。「私は、仲の良い友だちがいじめられていたから助けただけだ」という、彼女の言い分も聞き入れられません。授業中も落ちつかない彼女に対して、ついに担任から口から「授業の邪魔をしないで」という言葉を聞くことになります。彼女の〝担任嫌い〟は決定的となり、教室へは入れない、入っても、何かあると（教室を）抜け出してしまう状態となりました。

とにかく、学校にはいかせないといけない、という親の思いがありました。送り出した後に、（本人が）確かに校門をくぐるか、後からついていき、確認する日もありました。登校は、本人なりには頑張りましたが、（担任のいる）教室には入れず、〝保健室登校〟〝図書館登校〟が続きます。

学校は、その都度、色々な先生が入れ替わりながら対応してくれました。教頭先生にも随分気にかけてもらった。

翌年、四年生に進級する直前に、やっと願っていた彼女の受診が叶います。コロナ禍で、なかなか診てもらえなかったのです。そして、そこで発達障害の診断を受けます。親としても、娘の背景を理解することができました。

進級後は担任も変わり、服薬もしつつ、教室に戻れるようになりました。しかし、次の問題は、三年生次にスッポリと抜けてしまった勉強の遅れでした。特に、もともと苦手だった算数は、どう取り戻してよいか。放っておくとますます取り戻しがきかなくなる。これは大きな困惑でした。

この子に対応してくれるような、学びの場はないだろうか。親の模索の中で、快く受け入れてくれたのが、山口自主夜間中学校でした。

こうして始めた四年生からの夜間中通い。あれから、進んだり、立ち止まったりの一年間でしたが、何とか追いついてきました。「荒れていた頃は親としても本当にしんどかった。しかし、ここでは色々な人が対応してくれて、良くしてもらっている。おかげさまです」と、母親はこう語ります。

（三）今度は私の番

七十歳代の女性です。彼女は、戦後すぐのベビーブーム世代で、中学校のときの同学年には、二十六クラスもありました。その頃の彼女は、家計を支えるために、学校に行けないことも多く、思うように勉強ができませんでした。

中学校卒業後は、県外へ集団就職します。縫製関係の仕事につき、そこからは四人部屋の寮生活。そして三年後に帰郷。昼間は仕事、夜は洋裁の学校へ通い、手に職をつけました。

結婚後は身を粉にして働き、三人の子どもを大学まで進学させました。自分が行けなかった高校や大学を、子どもには行かせたかった。しかし、内心ではずっと「自分も高校へ行きたかった」という思いがありました。

ある日、テレビ番組で「自主夜間中の開校」を知り、「これだ！」と胸を躍らせて、すぐに問い合わせました。もう一度勉強しなおして、高校へ行きたい。そして、「今度は私の番。もう誰にも譲らない」と目標に向けて歩み始めます。

それから一年後の二〇二三（令和五）年四月、県立の通信制の高校に合格して、念願の「高校生」となる夢を果たします。自主夜間中との出会いがなかったらできなかった。自分一人では難しかった。勉強が分からないときは不安になるときもあった。けど、学ぶのは楽しかった。

次の目標は、高校の卒業。自主夜間中での生徒としても勉強を続けます。

(四) 遅れてもしないよりはまし

七十歳代の女性です。彼女は、開校の初日に、たまたま同じ施設に来ていました。施設内には、市立図書館がありました。彼女はそこで、自主夜間中に来ていた知人と出くわします。偶然でした。

実は彼女は、中学生のときに、英語の学習に出遅れていました。英語は、最初でつまずくと、どんどん分からなくなってしまいます。しかし、とても重要な教科です。その結果、彼女は、志望していた高校普通科への進学を、断念することになります。

やむなく進んだのが、高校家政科でした。しかし、彼女にとって、そこは本当に学びたいところではありませんでした。そして、一年目で中途退学します。

社会人となってからは、介護分野での国家資格を取得して、専門職として自立しました。しかし、高校で学びたかったという思いは、いつも心の中にありました。

開校初日での知人との偶然の出会い。彼女は、そのとき、すぐに参加を申し出ます。何十年も前に置き忘れてきた、「英語」を主とした、彼女の学びなおしが始まりました。

彼女は、以前から、独学での英語学習も試みていました。ＮＨＫラジオの「中学生の基礎英語」を聞いていました。しかし、基礎ができていないので、なかなか身につきません。自主夜間中での学びは、そこをフォローしてくれます。ラジオ通信講座での講師が言ってくれた座右の銘がありました。「遅れてもしないよりはまし」（Better late than never）。今もこの言葉に励まされながらの毎日です。

そして、自主夜間中への参加から一年後の二〇二三（令和五年）年四月、県立通信制高校への入学を果たしました。彼女の学びなおしは、第二幕を迎えます。次は、高校普通科の卒業が目標です。

（五）社会的にとっても意義ある学びの場

開校二回目から参加している六十歳代の男性です。男性は、大学院で修士課程まで修めて、現在は医療関係での仕事に従事しています。

彼は、小学校のときから算数が苦手でした。そして、中学校では、うつむいて終わりを待つばかりの授業となり、先生も（彼を）指名しなくなります。

高校に入ると、数学ができないことが他の科目にも影響してきました。物理などです。こうして苦手な科目が連鎖的に増える。徐々に、生きる上での、選択肢の狭まりを感じました。

学校では、他の科目で補いながら、進級も進学も果たしました。しかし、それは、社会人となって、別の形での苦労として現れました。いわゆる〝数学的な思考〟が必要な場面で、思わぬ生きづらさを感じることになります。例えば、運転免許証を取得するにも、人の三倍の時間がかかりました。

自分の中にある〝頑《かたく》なさ〟、すっぽりと空いた〝穴〟を意識してからは、教材を用いての自己学習も試みました。しかし、独学では、なかなか長続きしません。

ある日、昼食のカレー屋さんで広げた新聞で、「山口自主夜間中開校」を見つけます。「これだ！」と閃いてのすぐの問い合わせでした。

現在は、数学検定五級からスタート。これを目安として、まずは「義務教育水準の達成」を目指しています。

片道約二時間をかけての通いや、内容が、なかなか理解できないときの大変さはあります。しかし、逆に難問が、少しずつでも解け始める、どうにもならないと思っていたことが、どうにかなってきているときの喜びがあります。そして、いろいろなボランティア講師との人間的なふれあいも楽しいといいます。

自主夜間中は、とても良い活動。本人にあわせて、習いたいものが、個別にあるいは少人数制で学べる。不登校の子どもにとっても、ひとつの社会との接点であり、社会人となっていく上での、ひとつのルートかも知れない。社会的な運動としても意義がある、と語ってくれました。

2　スタッフの思い

次は、ボランティアスタッフの紹介です。

（一）参加できて誇りに思う

中学三年生の男性講師スタッフです。彼の父親は、池田代表の友人です。だから、開校前から、この話（自主夜間中構想）を聞いていました。

彼は、小学生のときの先生の言葉が、ずっと頭に残っていました。「学んだことは、人に教えれるようになって、本当に身についたといえる」です。そして、彼は自主夜間中スタッフに〝志願〟します。

中学校では、「医進コース」に在籍し、自主夜間中の授業でも、主に理科系の科目を担当しています。スタッフになって良かったことは、いろいろな「気づき」があること。例えば、自分が学校で、「これを学んでどんな意味があるのかな?」と思ったことが、教える立場になってみて（その意味が）分かったときなど。

自分が教える生徒は、ほぼ年上ばかり。その人たちとのコミュニケーションが楽しい。そして、「とても分かりやすかった」と言ってもらえたときが一番嬉しい。ここでボランティアをやっていることは、自分の誇り。これからも長くやっていきたい。そう語ります。

（二）自分の存在が誰かの励みになれば

高校二年生の女性スタッフです。講師スタッフとなって二年目に入りました。彼女は、中学生のとき、体調不良をきっかけに、学校を休みがちとなります。そして、転校を重ねて高校へと進学します。

高校進学後、まもなくして、山口自主夜間中開校のテレビ放映を目にします。彼女には、〝人〟としての目標がありました。それは、「これから出会う人、関わる人にとって、前向きな影響を与えられる人になりたい」でした。漠然とした目標ですが、いろいろな人と接していくことが、そのひとつの道筋になると考えていました。そして、自主夜間中に、迷うことなく飛び込みます。「そこに集まっている人たちに、どこか自分との共通性を予感した。それも理由のひとつかもしれない。しかし、一番の決め手は〝直観〟、心が動いたから」と、彼女は言います。

教えることも楽しい。いろいろな人と交流できることも楽しい。教えるとき、その伝わるツボを探すのに苦労することもあるけど、自分は、何でもポジティブに考えるようにしている。

生徒の中には、「人が多い大きな教室」では落ち着けない子もいます。それは、彼女が個室で対応します。〝年齢の近いお姉さん〟になって接します。最初は、なかなか反応してくれなかった子に、徐々に笑顔が表れる。そして「分かった」と小さく反応してくれた。嬉しくなる瞬間です。

自主夜間中の活動は大事だと思う。勉強はしたい、でも学校には行けないという子もいる。自分もそうであった。ここはお金のことも心配しなくてよいし、いろいろな人とふれあえる。教える側は、決してプロではないけど、だからこそ、気を張らずにつきあえることもある。勉強だけでないと思う。

自分は、一般的なルートでは進学していない。でも、だからこそ、いろいろな進み方があることを、身をもって示していきたい。それを見てもらうことで、誰かの励みになれば嬉しい。これが、彼女の思いです。

（三）私が楽しむことで

五十歳代の女性事務スタッフです。事務全般の他、行事の企画などを中心的に担ってくれています。そして、広報誌「山口自主夜間中だより」が彼女の担当です。

彼女がスタッフとなったきっかけは、開校一週間前の地方紙での記事でした。「是非、私も何か手伝いたい」と、すぐに電話をとりました。

そんな彼女のベースには、大学時代の学びがありました。貧困が、学校に行きたくても行けない子どもをつくり、それが、識字力の低下につながる。そして、歴史的にそこには、それを見過ごさない、周囲による教育面での助け合い運動があった。セツルメント運動です。時代は違いますが、彼女は、自主夜間中の活動に、それと重なるものを感じました。

開校初年度から、彼女は唯一の〝皆勤賞〟です。ここに来て、皆さんとふれあえるのが楽しい。受付で生徒さんに、「今日も頑張ってね」と言い、帰り際に「今日はありがとう。また来てね」と声をかける。すると「はい!」と返してくれる。これがとても嬉しい。

自分自身がこの活動を楽しむことで、全体の雰囲気づくりにもつなげたい。この春も高校入学を果たした人が何人もいた。皆さんが、ここでの交流や勉強を通じて、成長したり、目標に近づいたり、ステップアップしていってほしい。そこにお役に立ちたい。これが、彼女の自主夜間中学に対する思いです。

第4話　山口自主夜間中学校宇部校の開校（県内二つ目）

山口県初の山口自主夜間中学校は、二〇二二（令和四）年四月に、山口県防府市において、始まりました。その丸一年後の二〇二三（令和五）年四月一日に、県内二つ目の自主夜間中が誕生します。団体名は「山口自主夜間中学校宇部校」（以下、宇部校）、会場は、宇部市黒石ふれあいセンター、代表は、中村文健《なかむらふみたけ》さんです。宇部市は、防府市の西隣にあります。

中村さんは、もともと山口自主夜間中学校（以下、防府校）の講師スタッフでした。したがって、宇部校は、そこから派生的に始まった自主夜間中といえます。それぞれ独立していますが、いわゆる〝姉妹校〟のような関係です。

中村さんが、防府校に関わったのは、開校二か月目の五月からでした。防府校のテレビ報道を見て、直観的に「参加したい」と思います。

もともと中村さんは、キャリアカウンセラーの資格を持ち、過去には、総合専門学校での就職支援や、学習塾での教育経験がありました。また、その仕事にやりがいも感じていました。

また、人生後半を歩む社会人として、残りの人生、自分らしく、何か社会に役立つことに打ち込んでみたいと思っていました。自主夜間中の活動に、その「自分らしい社会貢献」の姿を見ることになります。この取り組みは、今、この社会にとって必要なものあるし、その中で、自分でもできることはある。そう思ったのでした。

また、何よりも防府校での、池田代表、八木副代表の情熱や、スタッフ皆さんの真摯で明るい姿も、中村さんを突き動かしました。

中村さんは、地元地区では、「まちづくり」「コミュニティ推進」「子ども会」などの様々な活動団体の役員でもありました。防府校に通い始めて間もなくの七月、たまたま「宇部市政懇談会」に参加する機会を得ます。

「市政懇談会」とは、市長が市内各地区をまわり、直接市民と対話する会です。中村さんは、その場で「夜間中学校」の話をしてみました。そして、このとき、「市長はこれに興味・関心を抱いてくれた」と感じとります。

後に、その懇談会で話された内容についての、市としての見解（記録）が公開されます。そこに、「そのようなボランティア活動が起きれば、市としても好意的に受けとめる」という主旨の記事を見ることになります。中村さんとしては、とても力強く感じる出来事でした。背中を押してもらえたような気がしました。

そして、宇部校開校の準備に取り掛かりました。授業は、防府校と同じ毎月二回の土曜日。会場は、市の施設の貸室と決め、事務用品や連絡用の専用通信機器を揃えました。

最初の告知は、開校の約二週間前に、地方紙で行いました。記者も「価値ある活動」と評価してくれ、その記事は、大きく第一面に載りました。

初日（四月一日）の二日後には、昼のテレビニュースにあがり、十一日後には、夕方の番組の中で、しっかりと放映されました。生徒やスタッフには、中村さんの直接の知人もいますが、このようなマスコミ報道や口コミでも集まっています。また、もともと防府校のメンバーで「防府は遠かったけど宇部なら行きやすい」とした人もいました。運営のノウハウもボランティアスタッフも、そして、いきなり最初からマスコミが取り上げてくれたことも、全て防府校の実績の中から生まれ出たものでした。まさに〝繋がり・広がり〟でした。

第一回目の生徒数は三名、スタッフが約十余名。第二回目は、生徒が七名で、スタッフの中には、母娘で参加してくれる人もいます。

ボランティア活動であり無償の自主夜間中に、収入源はありません。その中で、中村さんにとっては、想像していなかった支えがありました。宇部市がその活動の公益性を認め、初回から貸室料金を減免してくれたのです。

「不安はあります。でも、始めた限りは簡単にはやめられません。その中で、こうした行政からの暖かいまなざしは、何よりの支えです」と中村さんは語ります。

エピローグ

1 「夜間中学校運動」という時代のたくましさ

現在の教育基本法には、その第一条に「教育の目的」が謳われています。長く難解な条文を、私なりには、「一人一人の自立と幸福、そして、人同士のつながりのある豊かな社会の実現のために学ぶ」と要約しました。

義務教育制度について時代を遡ります。先述（第一部・第2話）ように、小学校六年間の義務教育制度の原型は、一九〇〇（明治三十三）年代につくられました。しかし、多くの子どもたちが、その生活の貧しさのために、学校には通えないという時代が長く続きました。

子どもたちが、小学校に通うことが当たり前になったのは、一九三〇（昭和五）年代頃とされています。しかし、それでも昼間の学校に通えない子どもたちは、たくさん存在し、〝夜間の学級〟は、常に必要とされ続けました。そしてそれは、様々な形をとりながら、続いていくことになります。

一九四五（昭和二十年）年の敗戦後、今度は「戦後」を背負った形での「夜間学級」が誕生します。終戦直後には、衣食住に事欠く、多くの子どもたちの厳しい現実がありました。その時代、家計を支えるために働き、あるいは、幼い弟妹の子守りを担う子たちにとって、学校へ通うなど、到底叶わぬ夢でした。そのような中で、草の根的に広がっていったのが、「夜間中学校」です。

政府が長く問題視し、一度は「早急なる廃止対象」となった夜間中学校でした。しかし、関係者による、長く絶え間ない運動により、約五十年の歳月(1)をへて、今では、政策的にも「設置の促進対象」となりました。実に、必要にして無いものは力を寄せあって創り出し、粘り強く守り抜いてきた、その時代の人たちの力強さ、たくましさを現れです。

先生たちによる「現場実践」と、市民を巻き込んだ「運動」と、そして時代の「政治と行政」の絡み合いが、実にドラマチックに描かれています。そこには、政策が当事者の声(現実)に押される形でつくられ、時代の変化の中で論争と模索が続き、少しずつではありながらも〝あるべき姿〟に近づいていくプロセスがありました。「夜間中学校運動の歴史」は、そのひとつのモデルとして、私たちに、大事な何かを語りかけています。

文科省による「夜間中学等に関する実態調査」(二〇二二年五月時点調査)(第一部第4話参照)によると、現在そこに通う生徒は、「日本国籍を有しない者」が約三分の二、残りの三分の一は日本人で、義務教育未修了者と形式卒業者で占めています。実態として、公立夜間中学校は、すでに日本の学齢生徒のものではありません。また、一方での外国籍者の増加は、時代の変化を、そのまま映し出しています。

今、政府が地方自治体に促している「夜間中学校の設置」は、今後どのように進むのか。それぞれの自治体が、どう受け止めるのか。（夜間中学校が）時代の変化の中で、どのような役割を担っていくのかが注目されます。

2　高い「社会貢献性」を秘めた自主夜間中学校

一方で、「自主」夜間中学校は、今どのような位置にあるのでしょうか。もともとそれは、「（公立）夜間中学校設置運動」の源泉でした。義務教育から〝もれ出た〟人たちを受けとめ、その存在を世間に知らしめていくという、地道ながらも大きな役目を果たしてきました。光の当たらなかったこの問題を、後景化させることなく、議論として残し続けた功績はとても大きなものです。

自主夜間中学校は、ボランティア活動であるがゆえの柔軟さと独創的なアイデアをもって、それぞれの地域の中で、様々な形で運営されてきました。そして、常に問題提起を行い続けてきました。制度や仕組みがない中でも、その必要性から発して先駆的に取り組み、今までにない、新しい価値を生み出した点では、魅力ある市民運動であるといえます。

今、政府は「地域共生社会の実現」という理念を掲げて、地域における「助け合い・支え合い基盤」の再構築を目指そうとしてます。地域で起きている問題を（他人事とせず）

「我が事」ととらえ、皆が当事者意識をもち、連帯と協働をもって、問題解決していく社会の実現を呼びかけています。

その背景には、法制度をいくら細かく（しかも限られた財源の中で）整えても、「地域にある人」というソフト面が機能しないことには、対応しきれない問題が、ヤマほどに顕在化してきたからです。昔から存在した問題を、これ以上放置できなくなったという言い方もできます。少子高齢化、人口減少、過疎化・過密化、高齢者のみ世帯の増加、全体としてつながりの薄れた社会が、この地域課題への対応を一層困難にしてきました。

「地域共生社会」が謳う「地域住民や地域の多様な主体の参画」「領域を超えてのつながり」「地域住民による支え合いと公的支援との連動」という文言において実に今更ながら、市民活動のとらえ方が重要になっています。

「多様な主体」には、いうまでもなく、ＮＰＯ（非営利の市民活動）やボランティア活動（無償活動）も含まれます。「公的支援との連動」の「公的支援」とは、「情報提供や相談」「組織化の支援」もそうですが、肝としては、やはり「財政的な支え」です。ハードの支えがなければ、ソフトは機能しません。手弁当には、その良さもありますが、限界があります。

「地域共生社会」では、地域住民に対して「意識の変容」を求めていますが、その点では、自主夜間中学校という市民活動は、それそのものが、意識を再構築していく「学習体」のような存在です。

本書の第三部でみてきた「全国の自主夜間中学校」の実態では、行政からの何らかの支援を受けているところが、やはりその活動を広げています。公が既存の施設を「教室」として、無償提供するだけでも、大きな支えとなっています。

北九州方式にみるように、「直ちに公立夜間中学校の設置は難しいが、そこを想定した場合の費用の一部を回す」という発想は、「会場の無償提供」と「運営補助金」という形で、多くの「学習ニーズ」への対応を後押ししてきました。

また、地域にある公益的な法人[2]が、会場提供や人的支援を行う、あるいは（教材などの）物品の寄贈を行うなどの公に準じた支えの役割を担うことも期待されます。

自主夜間中学校が、そっくりそのまま（公立）夜間中学校の代替となることは困難です。しかし、今、不登校児童生徒の、一定の受け皿となっていることも事実です。

また、そこに来ているのは、再学習を求めてきている人たちばかりではありません。むしろ、自主夜間中学校は、「学ぶ場所」であるとともに、様々な事情を抱えた人の〝居場所〟であり〝社会との接点〟ともなっています。

自主夜間中学校の活動は、誰かの押しつけや誘導から始まったものではありません。ときには、たったひとりの思いから始まりました。そして、その思いが周囲に伝わる中で大きくなり、市民主体のエネルギーに満ちた、意義ある存在として育ってきました。

細く詰まりかけている水路に気付き、そこを掘り補わんとする自主夜間中学校。その活動の今後の「社会的貢献性」が期待されます。官民ともにこの活動をより深く理解して、適宜の評価を繰り返し、そして、皆で追い風をたてていくべきであると考えます。そこに社会を動かす大きな力が生まれます。

以上、「夜間中学校と自主夜間中学校」への理解を深めてほしいという本書の目的は、いくらかでも果たせたでしょうか。

最後に、本書執筆のための取材にご協力いただきました、山口自主夜間中学校並びに宇部校の関係者の皆様に心より御礼申し上げます。勝手ながら意義ある「役回り」をいただいたと思っています。執筆中は、「疲れ」と完成したときの「幸せの予感」を交互に味わいました。しかし、ここに何とか書ききりました。

注

（1）戦後初の夜間中学校発足（一九四七年）から教育機会確保法成立（二〇一六年）までを数えると約七十年、行政管理庁の廃止勧告（一九六六年）から数えると約五十年の歳月となります。

（2）私益でもなく共益でもなく、広く社会の利益につながる事業を行う事業体です。身近なところでいえば、社会福祉法人や学校法人といったものを示します。その専門分野での機能を、社会に還元していくことを方針としている法人もたくさんあります。

文献・資料

①山田洋次（1993）『学校』岩波出版
②添田祥史（2006）「夜間中学の官民協働運営の可能性―北九州市における「官民タッグ」方式の検討―」『九州教育学会研究紀要』
③添田祥史（2007）「自主夜間中学の活動と展開」『ボランティア学研究』VoL8（国際ボランティア学会）
④大多和雅絵（2017）『戦後夜間中学校の歴史―学齢超過者の教育を受ける権利をめぐって―』六花出版
⑤碓井健寛（2017）「義務教育未修了者とは何か？：2010年国勢調査から見る福島県の現状」『創価経済論集』46．創価大学経済学会
⑥須田登美雄（2018）「全国夜間中学校研究会「義務教育機会確保法」成立に向けた諸活動について」『基礎教育保障学研究』第2号
⑦江口 怜（2019）「1970年前後の夜間中学の再編を巡る考察―髙野雅夫に着目して」日本教育学会第78回大会の発表資料
⑧横井敏郎（2020）「教育機会確保法の可能性と課題―夜間中学に焦点を当てて」『教育制度学研究』

⑨田中義恭（2020）「夜間中学の設置促進と日本語教育等の充実に向けた文部科学省の取組―文部科学省の施策担当の立場から―」『早稲田日本語教育学』第28号
⑩添田祥史「夜間中学をめぐる動向と論点整理」
⑪浅野慎一（2021）「夜間中学とその生徒の史的変遷過程」『基礎教育保障学研究』第5号
⑫城之内庸仁（2021）「夜間中学の風をよむ（1）岡山自主夜間中学校の取り組み：だれ一人置き去りにしない教育を求めて」『人権21：調査と研究』
⑬田巻松雄（2021）「公立・自主夜間中学の社会的意義と課題を考える1・2」『公立・自主夜間中学の社会的意義と課題を考える』宇都宮大学国際学部
⑭田巻松雄（2021）「地域で自主夜間中学をつくり育てる」『公立・自主夜間中学の社会的意義と課題を考える』宇都宮大学国際学部
⑮江口怜（2021）「あってはならないが、なくてはならない学校―夜間中学の歴史と現在」『部落解放』
⑯齋藤博志（2022）「夜間中学と法制化～全国夜間中学校研究会の活動と教育機会確保法～」『専修大学教職教育研究』第2号42頁～48頁
⑰田巻松雄（2022）「自主夜間中学の今日的意義と課題に関する予備的考察」『基礎教育保障学研究』

⑱月刊先端教育、（２０２２年10月）全ての垣根を取り払った「学びの場」。山口初の自主夜間中学校を開校
⑲平成29年度夜間中学等に関する実態調査（２０１７年：文科省）
⑳令和４年度夜間中学等に関する実態調査
その他文部科学省発行資料、新聞社報道資料

【著者紹介】

渡邊靖志（わたなべ　やすし）

山口県防府市在住。東亜大学医療学部教授。社会福祉士、精神保健福祉士。福祉経営サポート「マイスタイル」運営。山口県宇部市教育委員会スクールソーシャルワーカー。主な著書等、集英社版・学習漫画 早わかり「病院のしくみ」（構成脚本・集英社）、「宅老所運動からはじまる住民主体の地域づくり」（単著・久美出版）、「地域ケアシステムとその変革主体」（共著・光生館）、「社会福祉法制と史的分析」（共著・西日本法規出版）、「現代の社会福祉学」（共著・小林出版）。

学びなおしの月灯り
夜間中学校物語

二〇二三年十一月二十日　初版第一刷発行

著　者　渡邊靖志
発行者　谷村勇輔
発行所　ブイツーソリューション
〒四六六・〇八四八
名古屋市昭和区長戸町四・四〇
電　話　〇五二・七九九・七三九一
ＦＡＸ　〇五二・七九九・七九八四
発売元　星雲社（共同出版社・流通責任出版社）
〒一一二・〇〇〇五
東京都文京区水道一・三・三〇
電　話　〇三・三八六八・三二七五
ＦＡＸ　〇三・三八六八・六五八八
印刷所　藤原印刷

万一、落丁乱丁のある場合は送料当社負担でお取替えいたします。ブイツーソリューション宛にお送りください。

ISBN978-4-434-32573-1